中国电子信息工程科技发展研究

电磁场与电磁环境效应专题

中国信息与电子工程科技发展战略研究中心

科学出版社

北 京

内 容 简 介

本书主要分析和总结了近年来电磁场与电磁环境效应领域在全球的发展态势和我国的发展现状，梳理了电磁场与电磁环境效应研究方面的前沿方向与最新进展，主要涵盖电磁场理论、计算、测试方法及其与电子学、材料学、生物学、计量科学等学科交叉融合取得的技术突破，并对电磁场与电磁环境效应专题/领域在未来的发展前景进行了展望，以期为读者提供参考。

本书主要面向电磁场相关专业的本科生和研究生，以及从事电磁场与电磁环境效应相关领域研究的科技工作者。

图书在版编目（CIP）数据

中国电子信息工程科技发展研究. 电磁场与电磁环境效应专题/中国信息与电子工程科技发展战略研究中心编著. —北京：科学出版社，2022.9

ISBN 978-7-03-073080-0

Ⅰ. ①中… Ⅱ. ①中… Ⅲ. ①电子信息-信息工程-科技发展-研究-中国②电磁场-科技发展-研究-中国③电磁环境-环境效应-科技发展-研究-中国 Ⅳ. ①G203②O441.4③X21

中国版本图书馆 CIP 数据核字（2022）第 162113 号

责任编辑：赵艳春 / 责任校对：张小霞
责任印制：吴兆东 / 封面设计：迷底书装

科 学 出 版 社 出版
北京东黄城根北街 16 号
邮政编码：100717
http://www.sciencep.com

北京虎彩文化传播有限公司 印刷

科学出版社发行 各地新华书店经销

*

2022 年 9 月第 一 版 开本：890×1240 1/32
2022 年 9 月第一次印刷 印张：4 3/4
字数：114 000

定价：88.00 元

（如有印装质量问题，我社负责调换）

《中国电子信息工程科技发展研究》指导组

《中国电子信息工程科技发展研究》工作组

组　长：
　　　　余少华　陆　军
副组长：
　　　　安　达　党梅梅　曾倬颖

中国信息与电子工程科技
发展战略研究中心简介

中国工程院是中国工程科学技术界的最高荣誉性、咨询性学术机构，是首批国家高端智库试点建设单位，致力于研究国家经济社会发展和工程科技发展中的重大战略问题，建设在工程科技领域对国家战略决策具有重要影响力的科技智库。当今世界，以数字化、网络化、智能化为特征的信息化浪潮方兴未艾，信息技术日新月异，全面融入社会生产生活，深刻改变着全球经济格局、政治格局、安全格局，信息与电子工程科技已成为全球创新最活跃、应用最广泛、辐射带动作用最大的科技领域之一。为做好电子信息领域工程科技类发展战略研究工作，创新体制机制，整合优势资源，中国工程院、中央网信办、工业和信息化部、中国电子科技集团加强合作，于2015年11月联合成立了中国信息与电子工程科技发展战略研究中心。

中国信息与电子工程科技发展战略研究中心秉持高层次、开放式、前瞻性的发展导向，围绕电子信息工程科技发展中的全局性、综合性、战略性重要热点课题开展理论研究、应用研究与政策咨询工作，充分发挥中国工程院院士，国家部委、企事业单位和大学院所中各层面专家学者的智力优势，努力在信息与电子工程科技领域建设一流的战略思想库，为国家有关决策提供科学、前瞻和及时的建议。

《中国电子信息工程科技发展研究》
编写说明

当今世界，以数字化、网络化、智能化为特征的信息化浪潮方兴未艾，信息技术日新月异，全面融入社会经济生活，深刻改变着全球经济格局、政治格局、安全格局。电子信息工程科技作为全球创新最活跃、应用最广泛、辐射带动作用最大的科技领域之一，不仅是全球技术创新的竞争高地，也是世界各主要国家推动经济发展、谋求国家竞争优势的重要战略方向。电子信息工程科技是典型的"使能技术"，几乎是所有其他领域技术发展的重要支撑，电子信息工程科技与生物技术、新能源技术、新材料技术等交叉融合，有望引发新一轮科技革命和产业变革，给人类社会发展带来新的机遇。电子信息工程科技作为最直接、最现实的工具之一，直接将科学发现、技术创新与产业发展紧密结合，极大地加速了科学技术发展的进程，成为改变世界的重要力量。电子信息工程科技也是新中国成立70年来特别是改革开放40年来，中国经济社会快速发展的重要驱动力。在可预见的未来，电子信息工程科技的进步和创新仍将是推动人类社会发展的最重要的引擎之一。

把握世界科技发展大势，围绕科技创新发展全局和长远问题，及时为国家决策提供科学、前瞻性建议，履行好国家高端智库职能，是中国工程院的一项重要任务。为此，中国工程院信息与电子工程学部决定组织编撰《中国电子信息工程科技发展研究》(以下简称"蓝皮书")。2018年9月至今，编撰工作由余少华、陆军院士负责。"蓝皮书"分综合篇和专题篇，分期出版。学部组织院士并动员各方面专家300余人参与编撰工作。"蓝皮书"编撰宗旨是：分析研究电子信息领域年度科技发展情况，综合阐述国内外年度电子信息领域重要突破及标志性成果，为我国科技人员准确把握电子信息领域发展趋势提供参考，为我国制定电子信息科技发展战略提供支撑。

"蓝皮书"编撰指导原则如下：

(1) 写好年度增量。电子信息工程科技涉及范围宽、发展速度快，综合篇立足"写好年度增量"，即写好新进展、新特点、新挑战和新趋势。

(2) 精选热点亮点。我国科技发展水平正处于"跟跑""并跑""领跑"的三"跑"并存阶段。专题篇力求反映我国该领域发展特点，不片面求全，把关注重点放在发展中的"热点"和"亮点"问题。

(3) 综合与专题结合。"蓝皮书"分"综合"和"专题"两部分。综合部分较宏观地介绍电子信息科技相关领域全球发展态势、我国发展现状和未来展望；专题部分则分别介绍13个子领域的热点亮点方向。

5大类和13个子领域如图1所示。13个子领域的颗粒度不尽相同，但各子领域的技术点相关性强，也能较好地与学部专业分组对应。

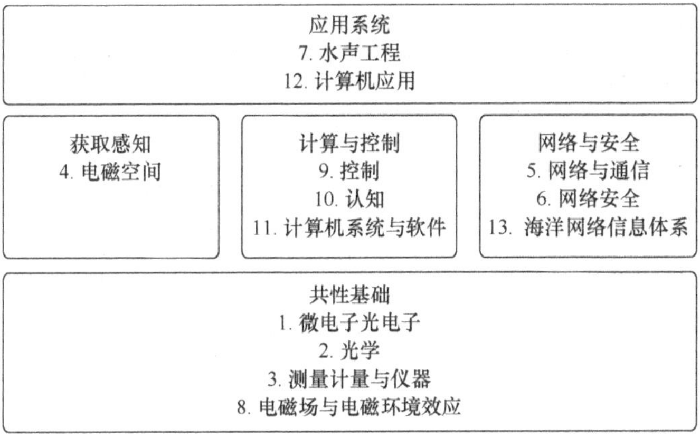

应用系统
7. 水声工程
12. 计算机应用

获取感知	计算与控制	网络与安全
4. 电磁空间	9. 控制 10. 认知 11. 计算机系统与软件	5. 网络与通信 6. 网络安全 13. 海洋网络信息体系

共性基础
1. 微电子光电子
2. 光学
3. 测量计量与仪器
8. 电磁场与电磁环境效应

图 1　子领域归类图

前期，"蓝皮书"已经出版了综合篇、系列专题和英文专题，见表 1。

表 1　"蓝皮书"整体情况汇总

序号	年份	中国电子信息工程科技发展研究——专题名称
1	2019	5G 发展基本情况综述
2		下一代互联网 IPv6 专题
3		工业互联网专题
4		集成电路产业专题
5		深度学习专题
6		未来网络专题
7		集成电路芯片制造工艺专题
8		信息光电子专题
9		可见光通信专题
10	大本子	中国电子信息工程科技发展研究（综合篇 2018—2019）

续表

序号	年份	中国电子信息工程科技发展研究——专题名称
11	2020	区块链技术发展专题
12		虚拟现实和增强现实专题
13		互联网关键设备核心技术专题
14		机器人专题
15		网络安全态势感知专题
16		自然语言处理专题
17	2021	卫星通信网络技术发展专题
18		图形处理器及产业应用专题
19	大本子	中国电子信息工程科技发展研究（综合篇 2020—2021）
20	2022	量子器件及其物理基础专题
21		微电子光电子专题*
22		测量计量与仪器专题*
23		网络与通信专题*
24		网络安全专题*
25		电磁场与电磁环境效应专题*
26		控制专题*
27		认知专题*
28		计算机应用专题*
29		海洋网络信息体系专题*
30		智能计算专题*

* 近期出版。

从 2019 年开始，先后发布《电子信息工程科技发展十四大趋势》和《电子信息工程科技十三大挑战》（2019 年、2020 年、2021 年、2022 年）4 次。科学出版社与 Springer 出版社合作出版了 5 个专题，见表 2。

表 2　英文专题汇总

序号	英文专题名称
1	Network and Communication
2	Development of Deep Learning Technologies
3	Industrial Internet
4	The Development of Natural Language Processing
5	The Development of Block Chain Technology

相关工作仍在尝试阶段，难免出现一些疏漏，敬请批评指正。

中国信息与电子工程科技发展战略研究中心

前　言

　　电磁场与电磁环境效应专题,主要围绕如下四个方面。一是,电磁场与电磁环境效应对国家战略层面的影响和作用。二是,电磁学与生命科学、计算科学、材料学、力学其他基础学科交叉融合,出现的前沿性的趋势/挑战与亮点/进展。三是,新一轮科技革命下,信息化、智能化、网络化对电磁环境效应机理认知和基础研究的需求,引发的颠覆性挑战和革命性进步。四是,电磁环境适应性和电磁安全性的新理论、新方法、新技术和新应用,对全面推进国民经济、国家安全和国防军队现代化建设产生的革命性带动。

　　本期电磁场与电磁环境效应专题的研究热点和亮点,主要涵盖电磁场基础理论研究方面的最新进展(主要包括:特征模、太赫兹、量子电磁学、轨道角动量、电磁场对称性、电磁场信息论、涡旋电磁波理论等),电磁学与计算科学、材料学、生物、计量/测量等学科交叉融合取得的新技术突破(主要包括:智能电磁计算、碳基电磁防护材料、角度稳定/宽带滤波的频选表面、人工电磁超材料、二维材料、铁电材料、智能材料、电磁-生物效应等),集成电路及测量技术近场测试传感器技术(主要包括:集成电路电磁兼容性设计、三维集成电路和先进封装结构的电磁效应、集成电路静电效应防护、近场电磁发射和电磁敏感测试探头等)

等研究内容。

来自北京航空航天大学、陆军工程大学、中国电子科技集团公司第 33 研究所、东南大学、浙江大学、上海交通大学、清华大学、四川大学、中国计量科学研究院等单位的专家参与了本次撰写工作，在此一并表示感谢。

苏东林

2022 年 4 月 29 日

专家组和撰写组名单

专家组

姓名	工作单位	职务/职称
刘尚合	陆军工程大学	院士
苏东林	北京航空航天大学	院士
毛军发	上海交通大学	院士
刘泰康	中国电子科技集团公司第 33 研究所	研究员
尹文言	浙江大学	教授
闻映红	北京交通大学	教授
李淑华	海军航空大学	教授
雷迅	空军研究院	研究员
马弘舸	中国工程物理研究院应用电子学研究所	研究员
李景春	工信部军民融合推进司	研究员
谢彦召	西安交通大学	教授
徐桂芝	河北工业大学	教授
张华	中国航天科技集团第五研究院	研究员
陈志红	中国航天科技集团第一研究院	研究员
刘民	中国航天科技集团第 514 研究所	研究员
杜正伟	清华大学	教授
孟萃	清华大学	教授

续表

姓名	工作单位	职务/职称
唐晓斌	中国电子科技集团公司电子科学研究院	研究员
王学田	北京理工大学	教授
魏光辉	陆军工程大学	教授
王庆国	陆军工程大学	教授
石立华	陆军工程大学	教授
刘培国	国防科技大学	教授
汤仕平	东南大学	研究员
祁志美	中国科学院电子学研究所	研究员
陈爱新	北京航空航天大学	教授
高志伟	石家庄铁道大学	教授

特邀专家

姓名	工作单位	职务/职称
崔铁军	东南大学	院士
黄卡玛	四川大学	教授
杨帆	清华大学	教授
闫照文	北京航空航天大学	教授

撰写组

姓名	工作单位	职务/职称
胡小锋	陆军工程大学	教授
陈广志	北京航空航天大学	副研究员

续表

姓名	工作单位	职务/职称
任强	北京航空航天大学	副教授
沙威	浙江大学	研究员
李懋坤	清华大学	副教授
唐旻	上海交通大学	教授
张浩弛	东南大学	副研究员
李龙	西安电子科技大学	教授
周艳萍	四川大学	教授
宋振飞	中国计量科学研究院	研究员
李宜彬	北京航空航天大学	教授
张玉	西安电子科技大学	教授
戴飞	北京航空航天大学	教授
吴琦	北京航空航天大学	教授
满梦华	陆军工程大学	博士
马贵蕾	陆军工程大学	博士

注：排名不分先后

目　　录

《中国电子信息工程科技发展研究》编写说明

前言

第1章　全球发展态势···1

1.1　电磁场理论与其他学科交叉，新概念、新方
　　　法不断涌现···1

1.2　电磁环境效应被提升为国家战略安全要素·····2

1.3　电磁环境效应成为技术垄断和贸易壁垒的利器···2

第2章　我国发展现状···4

2.1　电磁环境效应作用机理研究有待加强·········4

2.2　电磁兼容及防护急需新材料、新器件支撑·····5

2.3　仿真预测技术和系统研发急需政策支持········6

2.4　电磁环境效应标准体系尚不完善·············8

第3章　我国发展的未来展望·································9

3.1　发展思路···9

3.2　发展路径···9

第4章　研究热点和亮点·····································12

4.1　电磁场理论研究及应用·························12

4.1.1　全球态势与国内现状·················12

4.1.2　重要进展或突破·····················19

4.2　智能电磁计算研究·····························29

4.2.1　全球态势与国内现状·················29

4.2.2　2021~2022年重要进展或突破·········35

4.3　近场测试传感器技术 ·················· 40
　　4.3.1　全球态势与国内现状 ·········· 40
　　4.3.2　2021～2022 年重要进展或突破 ·········· 45
4.4　集成电路电磁效应 ·················· 47
　　4.4.1　全球态势与国内现状 ·········· 47
　　4.4.2　2021～2022 年重要进展或突破 ·········· 52
4.5　涡旋电磁波理论及其关键技术 ·········· 56
　　4.5.1　全球态势与国内现状 ·········· 56
　　4.5.2　2021～2022 年重要进展或突破 ········· 59
4.6　先进碳基电磁防护材料技术 ··········· 61
　　4.6.1　全球态势与国内现状 ·········· 61
　　4.6.2　2021～2022 年重要进展或突破 ········· 64
4.7　电磁材料技术 ··················· 70
　　4.7.1　全球态势与国内现状 ·········· 70
　　4.7.2　2021～2022 年重要进展或突破 ········· 74
4.8　电磁生物效应与电磁防护仿生 ········· 81
　　4.8.1　全球态势和国内现状 ·········· 81
　　4.8.2　2021～2022 年重要进展或突破 ········· 86
4.9　电磁场量子传感与探测 ·············· 90
　　4.9.1　全球态势和国内现状 ·········· 90
　　4.9.2　2021～2022 年重要进展或突破 ········· 92

第 5 章　热词 ······················· 98
5.1　电磁安全 ······················ 98
5.2　涡旋电磁波 ···················· 98
5.3　量子电磁学 ···················· 99
5.4　电磁超材料 ···················· 100

参考文献 ························· 102

第1章 全球发展态势

在电磁场与电磁环境效应技术领域，电磁场理论既是基础，又具备前瞻性、引导性和交叉性的发展特征；电磁环境效应是指构成电磁环境的某种因素或多种因素对电子系统、设备、装置和易挥发材料及生物体等的相互作用效果。电磁环境效应的理论和技术水平反映了一个国家掌控和运用电磁资源及电磁安全的能力，工业发达国家往往从战略高度统筹电磁环境效应相关技术和产业的发展。

1.1 电磁场理论与其他学科交叉，新概念、新方法不断涌现

进入新世纪，随着基础物理科学、材料科学、生命科学的重大发展，电磁场理论与上述学科交叉，新的增长点不断涌现。量子电磁学和量子电子学等技术突破，带动了精密化的电磁场探测；利用石墨烯的高导电、高透光等特性研制出纳米天线、超宽带天线和轻质透明电磁屏蔽结构的原型；利用超材料的负介电常数或磁导率特性实现了天线小型化和电磁隐身结构；电磁场理论与生物技术交叉融合，突破了现有的电磁防护与抗干扰研究思路，探索了电磁防护仿生新途径；电磁场理论与通信、信息及光学交叉融合，提出了具有高抗电磁干扰能力的信息处理与存储新

方法，涌现出太赫兹通信与探测成像、大容量涡旋电磁通信、抗电磁干扰的微波光子链路与器件、抗电磁干扰的自旋电子存储器件等一批新的研究方向。

1.2 电磁环境效应被提升为国家战略安全要素

在国家安全战略层面，美国从克林顿、小布什、奥巴马、特朗普到拜登政府，高度重视国家战略层面的电磁环境效应规划，已逐步形成较为清晰的电磁空间战略。2014年8月25日，美国国防部出台了最新的电磁环境效应规划，确立了新的"电磁环境效应"(E3)计划，要求在人为电磁干扰或自然电磁干扰情况下，所有的军事平台、系统、子系统及设备均应正常运行。该国防条令要求把电磁环境效应与"核、生、化"防御一并考虑。根据指令要求，所有新的国防部件均需进行电磁防护加固，以减轻电磁干扰的影响；同时，在采办寿命周期内，必要时对现有部件进行改装，使其具备电磁干扰抑制特性。新计划指出将设置国防部首席信息官，兼任美国国务卿电磁环境效应核心顾问，增设国防部电磁环境效应一体化保障小组(DOD E3 IPT)。近两年，由于相关国家在电磁技术领域发展迅速，对美国的非对称优势形成巨大制衡，美国战略智库积极呼吁高度重视电磁手段的制胜作用。

1.3 电磁环境效应成为技术垄断和贸易壁垒的利器

在欧洲，北约盟国以美国的相关战略为蓝本制定了欧洲的电磁领域发展规划，突出关注国民战略层面。欧洲特别重视以标准规范为抓手，制定国际技术规则，形成技术垄断和贸易壁垒，对发展中国家形成制约。由于欧洲国家(英、德、法、瑞等)多是国际标准化组织中的发起国，在国际标准化组织中占有多数席位，它们联合起来，在国际标准制定中占据绝对优势。因而，欧洲的 EN 标准往往在实践一段时间后，即获认可为 IEC 或 ITU 国际标准。欧洲尤其重视电磁环境效应共性基础研究形成规则后所带来的潜在巨大价值。2007 年起，欧盟开始实施《欧洲计量联合研究计划》，重点研究含电磁及其效应在内的四大优先领域。欧洲的标准化组织十分注重将专利技术纳入标准，通过一系列标准的制定，实现了从基础层面到应用层面、从体系层面到接口层面的无缝连接，使用标准及专利技术从战略和技术两个层面掌握电磁领域的话语权。例如电磁环境效应测试技术的领先者之一德国 Rohde & Schwarz 公司，正试图将电磁干扰时域测量等专利技术写入最新的国际标准。

第 2 章　我国发展现状

我国较为系统的电磁环境效应研究工作起步于 20 世纪 90 年代，经过 20 多年的艰苦努力，取得了较大进步。我国正在从制造大国向制造强国迈进，但作为信息产业基础的电磁场和电磁环境效应技术发展仍然滞后，电磁环境适应性问题已成为电子信息装备、系统发展的焦点和瓶颈。总体上，我国电磁场和电磁环境效应发展水平与美国等西方发达国家相比有一定差距。

2.1　电磁环境效应作用机理研究有待加强

电磁环境对装备的影响，主要是干扰、损伤装备中的电子系统和电爆装置，使其丧失效能。电磁环境对装备的作用机理与装备工作原理、设计技术密切相关，必须通过深入研究其机理才能确定。近年来，国内在典型电子系统及模块的电磁发射、电磁敏感机理认知和规律掌控方面取得了实质性进步，初步掌握了电子系统及模块产生电磁发射的物理机理和基本规律，并提出了可以有效激发电子系统及模块电磁敏感现象、探测敏感边界的理论方法，研制了相应的软硬件检测手段，有望彻底扭转以往治理电磁发射超标困难、难以通过方案阶段的正向设计实现主动抑制超标电磁发射、难以通过测试获得电磁敏感剖面、测试电磁敏感时敏感现象只能靠人为观测等长期困扰本领域技术发展和技术应用的局面；在电磁脉冲辐照效应实验研究方面，对通信设备、片上系统、开关电源和电磁敏感设备等进行了电磁脉冲辐照效应实验研究，分析了能量耦合规律。但仍需系统深入研究并形成较为完善的理论体系和技术标准，以实现对装备的有力支撑作用。

2.2　电磁兼容及防护急需新材料、新器件支撑

电磁防护新材料、新器件是解决装备电磁干扰和电磁损伤的一项重要基础技术。我国结合重点工程建设，相继开展了电磁防护配套任务和电磁防护新材料、新器件的研制工作，在防电磁信息泄漏技术、强电磁脉冲抗毁技术、目标电磁隐身技术、抗电磁干扰技术所需电磁功能材料方面已有长足的进步。我国单一功能的电磁防护材料基本能够满足实际需求，但是从长远发展角度看，装备发展还需要研发具有复合功能的电磁防护新材料，还需要提高电子元器件、集成电路的电磁损伤阈值，提升电磁防护器件的响应速度、通流能力和电磁防护材料的工作带宽、屏蔽效能以及耐候性，突破制约未来装备电磁防护效能提高的瓶颈技术，缩小我国电磁防护新材料、新器件研究与国外最高水平的差距。

(1) 在实际应用中发挥先进碳基电磁防护材料的优异物理特性

先进碳基电磁防护材料的设计需突破与传统复合材料简单混合的设计理念，真正发挥其优异特性。以石墨烯为

例，其高透光性、高强度、低密度、高导电和导热性等卓越性能源于其单层完美六元环结构，急迫需要研究石墨烯电磁防护产品的设计方法和工艺路线，以使石墨烯优异的物理特性在应用中充分体现出来。

(2) 需深入研发超材料结构设计与工艺实现技术

电磁防护专用超材料既需要先进的结构设计技术，又需要先进的工艺实现水平，目前国内对于超材料结构的设计水平已接近国际先进水平，并有部分原创性突破，但生产线加工能力及工艺实现还存在明显差距，急需加强研发形成规模产业。

(3) 需进一步加强电磁防护材料产业的核心竞争力

目前电磁防护材料企业普遍存在规模较小、高端产品产业化能力不足、产品质量和档次较低、产品开发能力和营销能力有限等问题。如要进一步增强企业的核心竞争力，需要企业在技术创新能力和研发方面加大投入，以便和外资品牌抗衡。

2.3　仿真预测技术和系统研发急需政策支持

我国对于电磁环境效应的基础理论和关键技术的研究长期投入不足，电磁环境效应仿真预测技术不仅仅需要电磁场和电磁波的计算能力，还需要与电路与系统、通信/导航/控制等多电子信息学科交叉，甚至还需要与装备总体、材料、制造等其他领域的学科交叉，目前这种跨学科交叉的高性能算法及人才奇缺，同时少量已经取得实质性突破的高性能算法成果也缺少有效的推广应用机制，应加强电磁环境效应的仿真、预测平台建设和人才培育。

(1) 急需国家层面的战略支持

电磁计算与电磁环境效应计算是不完全相同的。国家对高性能电磁计算及应用软件研究虽有项目资助，但与欧美等强国把高性能电磁环境效应计算作为"第四军工产业"相比，国内的资助强度明显不足，且缺少体系性规划。相关软件知识产权保护立法与实施滞后，电磁软件产业的生态圈还未建立，工业软件平台成长环境有待改善。

(2) 缺乏团队协作攻关的机制

高校和研究机构普遍专注于其擅长的研究领域，彼此之间缺乏有效的协作和成熟的电磁环境效应模拟仿真技术共享平台，造成我国电磁环境效应算法研究领域长期呈现碎片化局面，无法形成合力。

(3) 缺乏自主可控软件品牌意识

我国电磁环境效应软件以解决工程项目问题为出发点，缺乏软件商业化和标准化的品牌意识，软件系统的人机交互、操作流程等与成熟商业软件差距很大；在应用推广方面缺乏成熟的商业模式。

(4) 核心关键技术有待突破

国产异构众核处理器、高速互联等新技术对于高性能电磁环境效应算法设计与实现带来了一系列挑战，亟须开展异构电磁环境效应算法软件集成方法和规范研究，指导电磁环境效应仿真计算软件集成工作，提高软件平台的应用空间；需要开展电磁环境效应计算及应用软件置信度评估体系研究。

2.4 电磁环境效应标准体系尚不完善

我国在系统级电磁环境效应标准研究与编制方面较国外一些发达国家仍有差距，现行标准基本等效采用美国与欧洲标准，标准内容与我国国情联系不够紧密，存在标准更新速度缓慢、可操作性不强等问题，直接导致我们在系统级电磁环境效应设计、检测方法研究方面缺乏足够的标准支撑。应系统布局本领域的基础研究和成果验证，支撑体现我国自主创新能力的研究成果逐步固化形成可指导我国本领域健康发展的标准。国家已经意识到标准与技术发展需求间的差距，开始着力弥补不足，并积极参与标准国际化工作。

第3章 我国发展的未来展望

3.1 发展思路

随着5G、人工智能(AI)、物联网(IOT)、大数据等技术在高速无线通信、智能无人系统、先进能源、工业互联网、先进空天等领域广泛应用,各类装备面临复杂严峻的电磁安全问题[1],快速提升我国信息电子及其应用的电磁环境适应性和电磁制衡能力是领域面临的重要挑战。

本领域的专家学者通过研究我国相关领域非对称的态势,分析电磁环境效应机理等理论层次问题在各领域内的作用,形成目标明确、针对性强的电磁环境效应理论及技术的应用需求,结合已提出的理论方法、突破的关键技术,开展工程应用研究,提升电磁环境效应核心技术能力;针对电磁环境效应领域的科学前沿,选择有颠覆性、国内外研究水平相当的方向重点突破,谋求中长期在关键领域实现电磁环境效应领域优势;继续加强电磁环境效应应用基础技术研究,加强相关技术成果的产业转化技术研究,瞄准未来电磁环境效应技术和应用领域的整体进步。

3.2 发展路径

为满足新形势下我国电子信息装备自主发展和创新发展能力需求,将进一步加强电子信息装备电磁环境效应基础研究、技术突破、产业应用和人才培养，实现与我国国家战略相匹配的发展目标。重点在基础理论方法、仿真设计手段、试验评估技术、防护器件材料研发、兼容与防护前沿技术、标准化研究等方面加强攻关，提升我国电磁环境效应领域的发展水平。

基础理论研究方面，从物理原理和作用机理、效应规律角度出发，从数学物理层面研究电磁场和电磁波与电子电气系统、信息系统以及器件、材料的相互作用机制，研究各种效应的必然规律，从认知层面提升对电磁环境效应的科学性理解和客观性把控。

仿真设计手段方面，在物理原理和作用机理研究的基础上，深入研究系统级电磁环境效应指标的量化设计方法，建设自己的软件研发基地，开发我国自己的电磁环境效应论证、设计、评估平台，逐步形成系统的电磁环境适应性设计能力。

试验评估技术方面，针对系统级电磁环境效应试验方法、试验技术研究投入严重不足等问题，在国家层面支持开展系统级电磁环境效应试验方法研究，建立科学完备、统一规范、可操作性强的电磁环境效应试验评估考核体系。

防护材料研发方面，在保证宽频带、高屏效技术指标的前提下，需实现电磁屏蔽材料的降低密度、抗恶劣环境和综合防护等目标，如高屏效、轻质高分子壳体支撑材料，雷达、天线专用的新型一体化梯度导磁材料，耐高低温水气密封高分子电磁防护材料，防盐雾、防潮湿、防霉菌电磁防护材料，多波段复合电磁隐身材料等功能材料。同时，急需解决电磁防护材料与元器件的工程化技术问题，改进生产工艺、降低生产成本，进一步提高产品电磁防护性能的一致性和可靠性。

兼容和防护前沿技术方面，以电磁兼容及防护领域的非对称技术、前沿技术和颠覆性技术为抓手，重点支持电磁防护仿生、电磁地图、电磁场量子精密测量、自旋电子学、集成微纳真空电子器件、粒子涡旋波电磁理论、微波光子学、外辐射源认知、针对无线注入赛博攻击的防护、针对网络化抵近式电子攻击的防护、石墨烯传感器与防护器件等前沿技术，在电磁环境效应领域新方向上整体布局。

标准化研究方面，从电子信息装备面临的复杂电磁环境入手，研究器件、设备、分系统、系统级电磁环境效应标准内容及指标要求，重点关注总体要求、试验评估技术、防护控制等方面的标准，进一步完善电磁环境效应标准体系。

本期电磁场与电磁环境效应蓝皮书，主要围绕领域基础理论、学科交叉与前沿技术等方面研究的最新进展与研究热点亮点，进行了总结梳理。本期蓝皮书内容体系如图 3.1 所示。

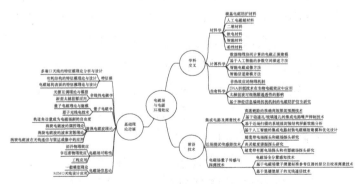

图 3.1　本期电磁场与电磁环境效应蓝皮书内容的体系图

第 4 章　研究热点和亮点

本期蓝皮书将从技术发展的角度，重点阐述 2021～2022 年电磁环境效应领域的电磁场理论研究及应用、智能计算研究、近场测试传感器技术、集成电路电磁效应、涡旋电磁波理论及其关键技术、先进电磁防护材料技术、电磁生物效应、量子电磁等研究热点或亮点。

4.1　电磁场理论研究及应用

4.1.1　全球态势与国内现状

电磁场与电磁环境效应领域的科技进步与工程应用依赖于电磁理论的发展。近年来，信息化、数字化、智能化、集成化的工业需求，推动了电磁理论的迅速发展，加深了电磁场与电磁环境效应中一般规律的认识。电磁理论的研究围绕麦克斯韦方程中的模场、边界条件、本构关系展开，从一般线性、宏观经典电磁理论，拓展到非线性、微观量子电磁理论；从电磁波常见的频率、幅度、极化自由度，拓展到轨道角动量自由度；从麦克斯韦方程对称性的深入认识，拓展到拓扑电磁、非厄密(non-Hermitian)电磁、转角(twisted)电磁领域的新进展；从单一的电磁波场理论，拓展到电磁力热多物理、电磁信息、电磁生物等交叉领域的理论研究。基于上述电磁场基础理论的进展，天线、频率选择表面等电磁场应用理论也在蓬勃发展。

1. 迅速发展的特征模理论研究，有力推动了电磁兼容设计

电磁系统的激励解可由本征模或特征模展开；电磁设计(包括天线、微波电路、电磁兼容设计)的本质就是如何激励并抑制期望的单个或多个电磁模式。特征模理论最早建立于 1970 年代，是电磁场理论的重要分支，近年来开始广泛应用在天线、雷达、电磁散射、吸波材料等各个领域，迅速成为领域研究的热点之一。2022 年，在瑞典隆德大学的 B.K.Lau 教授的倡议和组织下，在学会旗下的天线与传播杂志(IEEE Antennas and Propagation Magazine)发表了由五篇论文组成的特刊，由来自八个国家(德国、捷克共和国、瑞典、美国、西班牙、新加坡、意大利、中国)的 15 所研究机构(包括北卡罗来纳大学、北卡罗来纳州立农业与技术大学、比萨大学、德国奥汰尔公司、捷克技术大学、莱布尼茨-汉诺威大学、隆德大学、密苏里大学堪萨斯分校、圣塔克拉拉大学、西班牙巴仑西亚理工大学、新加坡国立大学、大连理工大学、电子科技大学、东南大学、上海科技大学)合著完成，分别聚焦特征模的电磁计算、天线单元设计、特征模式调控与激励、载体集成天线系统(Platform-Integrated Antenna System)、多天线 MIMO(多入多出)技术和多模电磁超构表面 5 个主题，对特征模理论的历史、现状、最新进展和未来发展趋势做了较为全面的总结与展望[2-4]。其中，国内有 4 所高校参与了该论文集的合著。当前的研究热点是：损耗系统的特征模理论、复杂电磁环境

下的特征模理论、多端口天线的特征模理论、基于特征模的麦克斯韦方程量子化理论等。

2. 无源互调、新型太赫兹源的机理研究,推动了非线性电磁学发展

由于无源器件中的非线性效应,两个或更多频率的载波混合在一起,产生和频或差频杂散信号,称为无源互调(Passive Intermodulation, PIM)。当互调信号落入接收机频带内,会降低接收机灵敏度,减少通信容量,严重影响 5G/6G 通信系统性能。无源互调的底层机理十分复杂,包括量子隧穿、热电子发射、边缘粗糙导致的电子非线性散射、介质材料的非线性、电热力多物理场效应、磁效应、电迁移(electro-migration)效应等。无源互调的工程分析常依赖经验公式,缺乏描述非线性差频、和频过程及非线性源产生、传播过程的电磁理论。

另一方面,宽带、稳定、高功率的太赫兹源,是太赫兹通信、传感、成像等领域的关键问题。目前,工程常用的仍是固态太赫兹源,其利用半导体材料中载流子输运的非线性,倍频产生太赫兹波,但其频谱范围受限(0.3~1THz)。因此,挖掘新的非线性机制,对生成更高频率、更宽频谱的太赫兹波有重要理论意义和工程价值。最近,国内外的研究者利用金属或 ITO 等材料结构中的非线性差频效应及共振增强机制,高效产生太赫兹波,成为太赫兹领域的研究热点之一。

根据上述两个具体的工程应用可知,电磁学中的非线性效应已经延伸到射频、太赫兹频谱范围,需要发展相匹

配的非线性电磁学理论。

3. 从半经典到全量子框架, 初步形成了量子电磁学理论

电子器件小型化的需求推动了微纳加工技术的不断提升, 元器件的特征尺度也从原来的微米级缩小到纳米级。当电子被局限在原子、分子、量子点等微观粒子或超导量子干涉仪等人工原子内, 电子态需要被量子化, 其行为只能用薛定谔方程或密度泛函等量子力学模型来描述, 而不能用麦克斯韦方程中的本构参数来建模微观粒子的电磁响应。同时, 低功耗、高灵敏度的需求, 使得电磁波的发射功率持续降低, 催生出基于单光子和双光子的量子信息技术, 包括量子鬼成像、量子雷达、量子计算等。

量子电磁学分为两类问题: 其中半经典框架考虑的是, 经典电磁系统与微观粒子之间的相互作用; 而全量子框架考虑的是, 量子电磁系统与微观粒子之间的相互作用。电磁系统到底是经典的还是量子的, 取决于光子数。对无光电子(电磁场的真空涨落)、少光子(单光子、双光子等)情况, 麦克斯韦方程需要被量子化, 称为量子化的麦克斯韦方程。目前量子电磁学的理论研究, 集中在如下几个方面: 如何在复杂电磁环境中量子化麦克斯韦方程? 如何建立复杂电磁环境中微观粒子与量子化电磁场之间的相互作用? 如何用复杂电磁环境中的经典格林函数描述量子电磁系统中电磁波的传播与散射? 国外的研究进展主要集中在美国, 包括基本的麦克斯韦方程量子化方法, 经典电磁与量子电磁系统的对比, 单光子和双光子的传播、散射, 量子电磁场与微观粒子之间的相互作用及电磁工程设计(天线、智能反

射面等)的量子计算加速等。国内的进展集中在半经典电磁框架,全量子电磁框架的工作相对较少。

4. 对电磁场对称性的认识加深,拓扑和非厄密电磁学成为新的研究热点

麦克斯韦方程满足很多重要的对称性,包括电场与磁场之间的对偶性(即对偶原理,电场换为正的磁场,磁场换为负的电场,方程形式不变),无损互易介质中的时间反演对称性(时间反号,电场同号,磁场反号),及宇称对称性(空间反号,电场反号,磁场同号)。此外,电磁系统的空间结构对称性,包括连续平移对称(多层介质结构),离散平移对称(周期结构),镜像对称,多重螺旋对称,也决定了电磁波传播过程中的动量(切向相位匹配)、自旋角动量(极化)与轨道角动量的守恒性质。总之,对称性决定了电磁场模式的特点及它们之间的相互转化。利用或打破电磁理论中的对称性,极大丰富了工程电磁场应用的内涵与外延。

诺贝尔物理学奖得主 Duncan Haldane 于 2008 年将拓扑能带理论引入电磁学领域[5],开创了拓扑电磁学(topological electromagnetics)这一前沿研究方向,该方向重点研究鲁棒性电磁传播。根据体-边对应关系(bulk-edge correspondence),一个电磁结构的体拓扑性,决定了电磁波沿该结构的边界传播的非平庸(nontrivial)性。即在拓扑电磁结构边界传输的表面波模式,具有单向传播的特点,且不受杂质散射和缺陷散射的影响,是一种鲁棒性的电磁传播。因此,拓扑电磁结构设计对加工引入的几何误差不敏感,具有特殊的应用场景。构造拓扑电磁结构,需要打破时间反演或空间反演对称性(对称性破缺导致的拓扑结构)，或利用晶体结构中存在的某种空间对称性(对称性保护的拓扑结构)。当前的研究热点包括：拓扑电磁结构和传统电磁结构的互连与匹配；新的拓扑不变性(topological invariants)理论；高阶和高维拓扑结构；低维(1 维，2 维)拓扑结构的工程应用(天线、传输线、耦合器、功分器等)。

1998 年，Bender 和 Boettcher 发现存在一类非厄密(non-Hermitian)哈密顿算符，它们的本征值可为实数[6]。这类非厄米哈密顿算符最为典型的特征是满足宇称时间对称性(parity-time symmetry)。非厄米算符的本征值在宇称时间对称性下可为实数，而宇称时间对称性破缺(symmetry breaking)则会导致本征值由实数变为复数。从宇称时间对称状态相变(phase transition)到对称性破缺状态的那个临界点，叫作奇异点(Exceptional point)。在奇异点处，系统的多个本征态会塌缩成一个。类比于量子系统，在电磁系统中，通过引入无源损耗或者有源增益，使得材料结构的介电常数实部为偶函数，介电常数虚部为奇函数，就能设计出宇称时间对称的电磁系统。因为介电常数虚部必须为奇函数，所以需要对材料结构的增益和损耗进行调控。损耗可采用有耗介质，而增益可采用有源电路来实现。宇称时间对称系统的应用包括：高灵敏度传感，相干完美吸收，非对称传输等。当前的研究热点包括：宇称时间对称性、拓扑性、非线性的耦合；宇称时间对称系统的电磁应用。

5. 电磁场信息论或将成为 5.5G/6G 通讯的引领方向之一

未来 5.5G/6G 无线通信，将实现人-人、人-物，物-物之间的互联，且这种信息的互联，将横跨空、天、地、海泛在维度，并实现感知、计算、通信的一体化。未来无线通信技术可与云计算、大数据、人工智能、区块链等新技术相结合，具体的应用包括虚拟/增强现实、工业互联/物联网、智能驾驶、智慧城市等。因此，5.5G/6G 通信对大容量、低延时的需求将日益增加，同时要突破功耗墙的限制，达到国家碳达峰、碳中和的既定目标。从电磁理论的角度，未来通信需要考虑如下几个转变：要从双极化的横向矢量场，转变到三极化的全矢量场；从简单的平面波，转变到复杂的结构波(包括涡旋波)；从远场通信转变到近场、近远场混合通信；从离散的近半波长天线单元结构设计，转变到准连续的亚波长、深亚波长天线单元结构设计；从纯粹基于确定信道或统计信道的建模，转变到更为精确的混合信道建模；从单纯的电磁场设计，转变到场路协同设计。

之前无线通信的理论常基于香农的信息论，类比于骑术中的"人"的因素；未来无线通信的理论要更多关注信息的载体"电磁波"，及决定电磁波传播、散射过程的电磁理论，类比于骑术中的"马"的因素。电磁场信息论是将电磁波发射、传播、接收相关的"电磁模式-格林函数"理论，与数据传输相关的"概率信息"理论，联系并统一的理论体系，是联系数字世界与物理世界的桥梁。当前的科学问题包括：固定物理口径下，多天线 MIMO 通信的自由度、容量极限是什么；当前的天线阵列设计离自由度、容量极限还有多少差距；如何改进天线设计(去耦/去相关技术)或调整信道的电磁环境(智能反射面技术)，从而趋近自由度与容量极限，较远场通信，近场通信能否提高自由度与容量；如果可以提高，如何发展相关的天线设计理论，亚波长、深亚波长天线单元结构设计的优势到底在哪里(自由度增益还是功率/信噪比增益)；其具体工程物理实现的难度如何。

6. 宽带、宽角频率选择表面的电磁设计理论有了突破进展

频率选择表面(简称频选表面)在电磁调控上具有独特优势，近年来在电磁干扰屏蔽上得到广泛应用，成为电磁领域研究热点之一。然而，通信系统中越来越复杂的电磁环境，给电磁屏蔽带来了众多挑战性的要求，而频选表面的研究也存在诸多技术理论瓶颈需要去突破。一方面，在斜入射的场景中，频选表面的传输响应将会出现频率偏移、通带插入损耗严重恶化和阻带抑制比降低等问题，角度稳定性成为制约频选表面发展的技术瓶颈。另一方面，在超宽带通信和抗电磁干扰的场景中，传输频带有限和吸波频带不足的问题长期困扰宽带频选表面设计(吸收型频选表面的通带难超过 40%)，该滤波响应宽带化问题制约了频选表面的多维度发展。当前的研究热点就是围绕上述两个技术挑战展开，即如何实现角度稳定或宽带滤波的频选表面；国内课题组在这两个方向上均有所突破。

4.1.2　重要进展或突破

1. 多端口天线的特征模理论分析与设计

面对通信基站选址难、铁塔资源有限、终端设备愈发紧凑等挑战，实现高密度天线部署和单天线极致性能已成

为天线技术中的研究难点。德国莱布尼茨大学的研究团队独辟蹊径，以天线结构的对称性为新的出发点，通过数学理论推导出了结构的对称变换群与该结构所能实现的非相关端口上限的关系，为进一步研究天线的结构、模式和端口之间的联系，提供了理论支撑的同时，实验验证了在单个天线单元上实现六端口低耦合集成的可能性，极大提升了天线单元的端口数，有望成为下一代基站天线的重要候选技术之一[7]。特征模理论在多端口天线设计与集成中发挥了重要的作用。大连理工大学的研究团队提出了基于特征模理论的天线方向图赋形技术，显著降低了人体对手机天线辐射性能的影响[8]。东南大学、上海科技大学和新加坡国立大学的研究团队提出了利用特征模理论设计多频段多端口天线共口径的新方法，提高了口径利用效率[9-11]。同时，上海科技大学的研究团队通过对多天线系统的近场散射高次模的调控，改善了由于近场耦合导致的方向图畸变，为实现高性能超大规模多天线系统提供了新的去耦方法和理论指导[12]。

2. 有耗结构的特征模理论与设计

无耗是经典特征模理论的基本出发点。将特征模理论应用于高损耗结构的分析与设计在理论上充满挑战。同时，由于吸波材料应用场景的特殊性，国外文献报道较少。最近，重庆大学、哈尔滨工业大学、上海科技大学的研究团队巧妙地将用于理想电导体的经典特征模理论，用于分析新型吸波体，有效地改善了吸波体的宽角度和宽频带吸收特性等。重庆大学研究团队提出了采用特征模式综合全向方向图与耗散调控实现近全向吸收转换的方法，提出的设计在 1.9～4.2GHz 频段 TM 斜入射在 82°以内可以满足 90%吸收，提供了一种可靠的改善角度稳定性的解决方案。华中师范大学通过在无耗超构表面引入阻性负载，实现了在 3.21～14.35GHz 宽带范围内的 90%吸收[13]。上海科技大学与哈尔滨工业大学研究团队提出了一种基于多模连续谐振的宽带吸波体设计方法，实现了在 5.51～36.56GHz 频率范围的 90%宽带吸收，该方法进一步在编码超构表面吸波体上得到了验证[14,15]。注意到的是：应用于有耗结构时，所求得的特征值物理意义不够清晰，虽然可以定性地指导设计与优化并取得良好的效果，却无法定量地应用于有耗结构的分析与设计。最近，芬兰 Aalto 大学的研究团队建立了有耗结构的广义特征值方程及其特征模式分析体系，使有耗结构的特征值具有了明确的物理意义[16]。特征模式理论在有耗结构上的应用有望进一步改善器件性能，为吸波体的设计和优化带来全新的思考角度和理念。特征模式理论在有耗结构上的应用有望为吸波体、消费电子和医疗电子产品相关器件的设计带来全新的思考角度和理念。

3. 电磁超构表面的特征模理论与设计

在传统超构表面的分析与设计受远场条件、无限大尺寸和均匀周期性限制的情况下，新加坡国立大学和上海科技大学的研究团队利用特征模理论与场区无关的特性，结合阻抗边界条件，发展出了电磁超构表面的特征模理论，突破以上三个限制，成功应用于有限尺寸、谐振型、任意形状的近场超构表面的模式分析、综合与调控，并进一步开发了基于超构表面的一腔多模宽带天线技术、大规模天线去耦技术、多天线方向图修正技术、共口径天线技术[17]等。通过特征模理论与阻抗边界条件的结合，该理论将基于良导体的传统微带贴片天线技术推广至基于任意无耗电抗表面的微带超构表面天线技术，有望为下一代天线技术提供新的设计思路和基础方法。在最近的研究工作中，在可穿戴设备方面，华南理工大学的研究团队通过对织物和尼龙导电织物组成的超构表面的特征模式分析与设计，开发了柔性、宽带、全向圆极化辐射的可穿戴超构表面天线[18]。西安电子科技大学的研究团队提出了低剖面方向图可重构的智能超构表面天线[19]。除此之外，该校的另一个研究团队还利用多模分集激励与调控，成功改善了畸变的辐射方向图[20]。

哈尔滨工程大学的研究团队利用特征模抑制技术实现了双极化天线的宽带小型化和隔离增强[21]。电子科技大学的研究团队通过馈电结构的设计激励特定模式，实现了全向交叉极化的降低和端口隔离度增强[22]。上海科技大学和新加坡国立大学的研究团队利用特征模式场对谐振型超构表面进行了奇偶模分析，对超构表面的模式行为提供了新的物理见解[23]。针对低剖面天线的宽带小型化问题，电子科技大学的研究团队利用特征模分析，实现了具有 64.2% 相对阻抗带宽的全向超表面天线，以及具有 77%圆极化带宽的超构表面天线[24]。中国科学院大学的研究团队将特征模理论应用至毫米波频段的四模同时辐射，开发出了低剖面毫米波宽带超构表面天线[25]。东南大学的研究团队还将特征模理论应用至多层超构表面透镜的分析与设计中，提出了一种基于分裂偶极子单元的双极化双层超构表面透镜，通过设计两个模式的特征相位差来消除空馈反射[26]。新加坡南洋理工大学的研究团队基于特征模理论分析了谐振频率、轴比带宽及其局部极小值随设计参数的变化，优化后的圆极化天线实现了超过21%的3dB轴比带宽[27]。

4. 复杂结构的特征模理论与应用

特征模理论是近年来逐渐兴起的一种天线建模与分析方法。前人通过电场积分方程建立了金属结构天线和介质结构天线的特征模理论与数值算法，定义了纯金属结构阻抗算子(不考虑损耗)和纯介质结构(不考虑损耗)的阻抗算子。先进天线由金属和介质混合而成，周期结构和人造表面等应用也愈加频繁，构建复杂金属和介质混合结构的特征模理论成为学术界研究热点。

北京航空航天大学研究团队采用面元和体元剖分表征金属和介质结构，建立金属介质混合结构的体面积分算子；通过面电流等效表征体电流，提出了一种新型子结构体面积分算子，并通过互易原理严格证明了算子的对称性。该算子与纯金属结构算子和纯介质算子满足同样的特征模方程，因此具有相同的物理意义，使用起来较为方便。该方法可对介质谐振器和天线馈电结构进行协同特征模分析，天线模式调控更为便捷，较传统介质谐振天线分析的内谐振法取得了较大进步。北京航空航天大学研究团队最新成果揭示体面积分方程也可应用于金属与有耗媒质混合结构的特征模分析，利用子结构算子可确保特征模在远场的正交性，在涉及人体等天线设计中具有重要的应用价值。

周期复合材料天线(或称人造表面，Metasurface)具有复杂的精细结构，需要极大的计算资源，严重限制了特征模理论的应用。北京航空航天大学的研究团队从周期复合材料天线的表面阻抗边界出发(IBC)，提出了一种周期复合材料天线对应的积分算子，从数学上严格证明了其对称性。该算子与纯金属结构算子和纯介质算子满足同样的特征模方程。另外，基于该方法，还可以进行有耗金属结构的特征模分析，得到的复特征值物理意义明确。

5. 无源互调理论与模型

国内外学者以同轴连接器为研究载体，在无源互调的产生机理与预测建模方面取得新的成果。无源互调的电接触非线性机理考虑了接触表面粗糙度[28]与接触非对称性[29]，并进一步结合微观接触使得接触模型更加完善。在接触理论的基础上，进一步考虑连接器涂层中的磁性材料作为非线性源，并结合趋肤效应解释了无源互调的频率特性[30]；机械应力与热效应研究通过连接器的振动测试[31]，加速退化测试[32]以及环境温度建模[33]，以修正单一接触模型的预测精度。无源互调的功率预测模型从新角度出发，定量地验证无源互调功率时间序列具有混沌特性[34]，在最大可预测尺度范围内实现预测误差最小化，为通信系统的性能提升提供了新思路。无源互调的研究及建模向电磁、热力与材料相互耦合的多物理场领域迈进，综合性地解释无源互调干扰的复杂机理。

6. 量子电磁理论与建模

美国普渡大学的周永祖教授发展了量子 FDTD 方法，

研究双光子干涉问题，推动量子信息的电磁场建模[35]。IEEE Fellow George W. Hanson 对比了经典电磁学和量子电磁学的异同之处[36]，并发展了郎之万源(Langevin source)方法[37]。针对量子电磁的半经典框架，浙江大学沙威研究员和安徽大学黄志祥教授等人探讨了不同规范下的耦合方程形式及规范不变性(gauge invariance)问题；对量子态的电磁调控问题，证明了严格的量子-电磁耦合模型相较于经典理论或者具有物理近似的半经典模型更加精确[38,39]。东南大学的游检卫博士发展了量子等离激元(quantum plasmonics)的 FDTD-TDDFT 算法[40]。

7. 原子无线电技术

所有电磁测量的核心都是精确校准的探针和天线。而传统偶极子等金属类天线对被测电场有一定扰动，测量不确定度较大，灵敏度不高。目前，基于里德堡原子的微波、太赫兹波电场测量技术可突破传统天线的技术壁垒，正在成为一种全新的、有前途的先进无线电测量和通信工具。里德堡原子是一个价电子被激发到高量子态的碱金属原子，其价电子离原子实很远，能级结构类氢，拥有较大的跃迁偶极矩，能敏感相应从 kHz 到 THz 的微波电磁场。这种新的场强测量方法有以下优点：①它可以从频率测量、基本常数和已知的原子参数得到国际单位制的场强；②由于原子参数的不变性，具有自校准性；③由于探针中不存在金属，因此在测量过程中，探针对场的扰动小；④它可以在大频率范围内测量非常弱和非常强的场强；⑤它允许建造小型、紧凑的探头(光纤和芯片级探头)。目前，基于里德堡原子无线电探测接收技术，已研发了调幅和调频无线电通信的原子接收机、射频传感器等[41,42]，其探测精度和灵敏度等性能已得到了实验验证。未来这种具有高精度、高灵敏度、超宽带、自校准以及抗干扰能力强等诸多优点的原子无线电技术将在各类性能优异的电子系统、装备的研发和应用上发挥重要作用，同时也给下一代通信、雷达、导航等无线电应用领域的发展带来机遇。

8. 拓扑、非厄密等新奇物理效应及工程应用

拓扑电磁器件的高效馈电是其走向应用亟待解决的关键科学问题之一。最近，Sievenpiper 团队利用共面传输线结构实现了亚波长拓扑波导的高效馈电，为拓扑电磁器件走向应用奠定了基础[43]。国内的施宏宇、张安学、徐卓团队研究了拓扑结构在太赫兹功分器中的应用[44]。陈红胜、杨怡豪、高飞团队研究了表面波光子晶体中的高阶拓扑态[45]。

在无线能量传输系统中引入宇称-时间对称性，从而赋予系统新的性能。浙江大学研究团队提出利用宇称-时间对称系统实现拓扑无线能量传输的方法，通过在无线能量传输系统中引入拓扑绝缘体(topological insulator)及宇称-时间对称的概念，设计和实验证实了受拓扑保护的无线能量传输系统，从而在微扰存在的情况下，实现极高能量传输效率[46]。此外，同济大学研究团队设计了一种具有宇称-时间对称的非厄米拓扑无线能量传输系统，利用拓扑边界模式实验验证了该系统的鲁棒性。进一步，该团队提出将拓扑边界态和拓扑界面态相结合，构造具有高阶宇称-时间对

称的非厄米系统，并设计出实现高效稳定的无线能量传输系统[47]。

9. 电磁场信息论及 MIMO 通信去耦去相关技术

国内外学者在电磁场信息论上取得新的进展。结合通信理论、电磁理论及泛函方法，建立了电磁场信息论的一般模型[48]，确定了影响通信极限的物理因素；点源近似下，信道矩阵的元素即为电磁的并矢格林函数，其被用于近场通信的信道模型[49]；基于角谱域模式分析的物理方法，可直观得出有限口径下多天线 MIMO 系统的自由度极限[51]；优化天线的表面电流分布可以趋近于固定品质因数 Q 值下的 MIMO 通信极限[52]；平面波展开方法适用于建模全息(holographic)MIMO 通信[53]，有望进一步提升信道容量；结合 FDTD 的射线追踪法可以准确刻画传播环境中粗糙表面的影响[54]；随机格林函数理论适用于分析多径环境(瑞利信道)下的 MIMO 性能[55]。

MIMO 天线阵列广泛应用于第五代移动通信(5G)。对于基站天线阵列，天线单元之间的间距和来波角度(angle-of-arrival)扩展是影响 MIMO 阵列相关性的主要因素。MIMO 阵列较高的相关性会显著恶化系统性能，降低信道容量。因此，如何有效利用天线阵列的有限物理口径，降低阵列单元之间的相关性，是国内外天线及通信领域的研究热点。对于工作在均匀多径散射环境中的 MIMO 阵列，天线单元间的互耦和阵列相关性之间存在一定的联系。但在通信基站所处的非均匀多径环境中，单纯的抑制天线单元间的电磁耦合并不一定能有效降低阵列的相关性[56]。针对工作在非均匀多径环境中的 MIMO 阵列，西安交通大学陈晓明教授课题组通过在紧凑 MIMO 阵列近场加载具有一定透射相位差的相位纠正单元(phase correcting element, PCE)，提出了一种基于修正 MIMO 阵列近场相位分布的去相关技术[57]。另外，在 MIMO 阵列辐射方向加载散射体并调整其透射相位，提出了基于散射体阵列加载调整 MIMO 阵列单元相位中心的去相关技术[58]。对于实际工作在非均匀多径环境中的通信基站，提出了一种用于 MIMO 阵列的同时去耦去相关技术[59]。

10. 宽带、宽角频率选择表面

在频率选择表面(简称频选表面)理论发展和技术瓶颈突破上，浙江大学李尔平教授团队基于电路理论提出了全角度稳定的强耦合型频选表面(strong-coupled frequency selective surface)的概念，揭示了全角度稳定的频选表面结构的工作机理，解决了传统频选表面斜入射角度大于 60° 时谐振点的严重频偏问题，在准全角范围(最大测试角度为86°)和任意极化方式下，两个传输极点和两个传输零点分别稳定在 2GHz & 5.8GHz 和 3.8GHz & 7.4GHz，实现了多频带频选表面所有谐振频率的全角度全极化稳定[60,61]。杭州电子科技大学罗国清团队基于多频多模有耗谐振理论提出了超宽带吸波的三维吸波型频选表面的概念，揭示了超宽带吸波频选表面的吸收机理，有效解决了吸波带宽大于150%时频选表面单元结构复杂、集总电阻大量加载的技术难题，单元中仅用 4 个电阻实现了 1.5～12.31GHz 频段的全极化吸波响应[62]。此外，该团队基于滤波理论提出了低通吸波型频选表面的概念，阐明了低通吸波型频选表面的工作机理，完善了频选表面的结构设计体系，有效解决了带通吸波型频选表面传输带宽窄无法应用于低频、超宽带天线的难题，在 2.82GHz 以下，通带的插入损耗小于 1dB，并实现 X 波段的反射抑制(7.99~11.97GHz)[63]。

4.2 智能电磁计算研究

4.2.1 全球态势与国内现状

电磁计算作为现代复杂电磁系统研究中重要的分析工具，是以麦克斯韦方程组为核心的物理规律为基础理论，借助计算机科学技术，用计算数学方法对电磁现象进行高精度诠释。计算电磁学已成为科学研究，工程设计、信息处理等领域的基础性研究之一，被广泛应用于无线通信、探测成像、器件设计，电磁环境模拟，电磁兼容分析等领域。

电磁计算，根据计算对象，可分为正演仿真和数据反演两类。正演仿真中的工程问题通常具有超电大、多尺度、多物理场耦合、介质复杂等特性，计算复杂度高，参数规模大[64]。在数据反演中，观测数据是完整数据空间的低维投影，故而反演问题大多是非线性且病态的，解的存在性、唯一性和稳定性难以保证，限制了数据反演算法的效率和精度[65]。特别地，在现代电磁系统中，多种时、空、频、能域动态随机的电磁信号交叠所带来的复杂性，对高效率高置信的电磁计算提出了更高的要求。

随着大数据技术，大规模并行计算、人工智能理论和机器学习算法的发展，以深度学习为代表的人工智能技术的研究备受关注，在语音、图像和视频处理研究中取得了巨大成功。最近，面向复杂电磁环境和系统，人工智能技术也被应用于电磁计算中，利用大规模并行计算，降低电磁环境和系统的复杂性，突破计算效率和数值精度瓶颈，实现高效率高置信电磁计算[66]。

实际上，人工智能与电磁计算是辩证统一的，二者的研究目标是一致的，即计算精度，计算效率和通用性(泛化能力)的统一，人工智能技术通常是数据驱动的，电磁计算是物理主导的，如图 4.1 所示。一方面，机器学习技术可以帮助电磁计算降低时间维度、空间维度和数据维度，另一方面，电磁计算可以为人工智能算法设计、特别是深度学习中神经网络结构设计提供理论指导，提升人工智能方法的收敛性、可解释性和泛化能力。

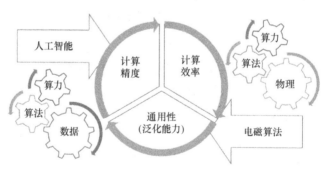

图 4.1　人工智能与电磁算法关系示意图

近年来，人工智能技术在电磁计算中的应用发展迅速，基于人工智能的电磁正演仿真从完全数据驱动逐渐向物理驱动转变，推动数据物理协同的电磁正演仿真的发展；人工智能技术被应用于电磁器件逆设计中，建立参数空间的智能描述方法，降低设计复杂度，提升自动化智能化工程设计能力；随着机器学习的泛化能力得到进一步的提升，高效、稳健的智能电磁成像方法受到关注，可靠性显著提升；信道复杂度的持续增加，基于机器学习的信道建模对复杂信道的刻画能力增强，优势凸显；深度学习解决电磁兼容问题受到关注，助力芯片设计与电磁兼容，目前研究仍在起步阶段。

1. 人工智能在电磁正演建模中的应用方式，从数据驱动逐渐向物理驱动转变

得益于高性能计算平台算力的提升，具有海量参数的多层深度神经网络得以大规模并行计算，使得深度学习具备强大的学习能力、概念抽象能力、知识迁移能力和多模型建模能力。这些优势推动了人工智能以数据驱动的方式应用于电磁正向建模中，通过设计并训练深度神经网络模型，释放神经网络的近似能力，替代传统正演建模中计算复杂度较高的部分，实现高效率高置信地求解特定的电磁问题[67]。例如，将人工神经网络应用于求解矩量法建立的矩阵方程[68]，利用双曲正切基函数近似时域有限差分法的完美匹配层[69]，训练广义回归网络建模快速多极子方法的转移步骤[70]，搭建卷积神经网络求解泊松方程[71]等。数据驱动方式虽然可以从海量物理数据中抽象物理规律，但该方法高度依赖数据集质量，数值精度较低，泛化能力有限，限制了该方式的应用场景。在深度神经网络的设计过程中，网络宽度、深度、仿射变换和非线性组合方式等超参数，若单纯依靠经验或试验确定，不仅无法获得最优性能，也

会消耗大量计算资源。因此，目前物理驱动的应用方式被广泛探索，从人工智能与电磁计算之间辩证统一的关系出发，深入探究电磁算法与神经网络的数学联系，指导神经网络的结构设计，明确网络模型各个模块的物理意义，提升神经网络的可解释性和泛化能力，提高正演仿真的精度。

2. 电磁学器件逆设计应用人工智能降低复杂度，向自动化智能化方向发展

电磁学器件逆设计是根据特定的电磁响应，确定最优的器件结构设计，包括器件几何尺寸、拓扑形状和材料特性等，是现代电磁学工程设计领域重要分支之一。传统电磁学器件逆设计方法包括梯度下降算法和全局优化算法，例如遗传算法、粒子群算法、进化算法等。然而，器件逆设计是一个病态问题，解的存在性、唯一性和稳定性无法保证。此外，在逆设计过程中，器件的电磁数值模拟的计算资源消耗大，影响逆设计优化效率。随着器件参数空间自由度增加，候选的器件结构数量呈指数级增加，导致逆设计优化过程的复杂度急剧提升，是电磁学器件逆设计亟待解决的技术挑战[72]。以深度学习为代表的人工智能技术快速发展为电磁学器件逆设计提供了全新的思路，被用于设计微波电路、阵列天线、电磁超材料等。判别学习方法被应用于建立器件结构与电磁响应之间的映射，利用深度神经网络强大的非线性拟合能力，提升特定类型电磁器件逆设计效率，包括单向深度神经网络、双向深度神经网络。判别学习方法使用的神经网络模型比较简单直观，训练难度较小，但需要大量的高质量训练数据集以保证深度神经

网络的性能，无法使用于生成数据集困难的应用场景。近年来，生成学习方法被应用于电磁学器件逆设计中，搭建并训练生成模型，例如变分自编码器[73]、生成对抗网络[74]等，从海量数据中抽象模型和数据空间的联合分布函数，不仅可以独立完成电磁学器件逆设计，也可以与传统逆设计方法相结合，提升设计效率。

3. 高效稳健的智能电磁成像方法受到关注，机器学习的泛化能力进一步提升

计算机科学领域发展而来的卷积神经网络、循环神经网络，对图像特征提取、时序信号预测等方面表现出色，适于迁移应用到电磁成像领域[75,76]。结合电磁波动方程，物理与数据共同驱动的重建算法助力稳健、高效电磁成像[75,77]。电磁传播规律保证成像结果的可靠性，来自大数据的先验信息降低成像多解性、提高成像速度。如将用物理方程预处理后的微波数据作为输入参数，可显著提升深度神经网络重建目标的准确度[78,79]。物理启发深度神经网络通过有效融合测量数据与电磁波动方程，可对人体电阻抗测量数据进行无网格化成像[80]。物理约束的深度神经网络，将神经网络训练的损失函数用电磁场数值建模表示，提高了随钻电磁数据成像模型对测量数据的吻合度[81]。基于监督下降法的电磁成像方法通过在预测中融入电磁场仿真计算实现了高泛化能力[82]，成功应用于人体胸腔[77]与地球深部成像[83,84]。基于长短期记忆循环神经网络的瞬变电磁数据成像方法，验证了循环神经网络结构对时序数据成像的有效性[85]。

4. 信道复杂度持续增加，基于机器学习的信道建模优势凸显

当前信道数据具有海量、高频段、多场景和非平稳特点，对信道建模提出新的要求。无线通信系统工作频率向太赫兹频段发展，基于测量统计的信道建模成本增大。随着计算机算力提升，基于机器学习的建模方法受到关注[86]。相对于以计算为主的确定性信道模型或者以统计分析为主的随机性信道模型，机器学习直接从海量信道数据中挖掘规律，构建确定性模型散射体与随机性模型簇间的隐含映射关系，挖掘空时频域信息与信道统计信息间的内在联系[87]。利用机器学习直接对射线追踪法获取的信道路径损耗数据进行拟合，在得到与射线追踪法相近预测精度的同时，可有效降低复杂度[88]。利用变分生成对抗网络，可通过对信道测量数据学习建立相应的信道概率模型[89]。针对 5G、6G 无线通信，考虑天线数量、带宽、复杂环境的智能信道建模依然是近期的热点领域。

5. 深度学习解决电磁兼容问题受到关注，研究仍在起步阶段

信号完整性问题方面，2018 年谷歌公司研究团队采用机器学习对高速通道的信号完整性建模，精确预测了高速通道的眼图指标[90]。特征参数提取方面，人工神经网络对阻抗曲线中的电感、电容、电阻值进行快速准确的自动提取[91]。等效源重构问题方面，深度神经网络可对电磁干扰的等效源进行精确近似，提升了传统等效偶极子模型对远场电磁干扰的预测精度[92]。器件分布优化问题方面，深度

强化学习可自适应实现去耦电容与硅通孔阵列的排布优
化[93]。此外，深度学习被用于快速预测电源输入阻抗，进
而指导片上器件排布设计[94]。

6. 高性能电磁算法的并行规模显著扩大，全波仿真能
力极大提升

超级计算机由 P 级计算时代进入 E 级计算时代，峰值
性能达到每秒百亿亿次，为高精度电磁仿真技术提供了强
有力的支撑。近年来，全波电磁算法的并行规模已经由数
十万处理器核规模提升至千万核规模，对于电磁辐射、散
射模型的全波仿真能力得到极大提升。美国普渡大学的周
永祖教授团队研究的并行多层快速多极子算法(MLFMA)
使用 Blue Waters 超级计算机平台的 4096 个 GPU 节点，接
近实时地求解了约 100 倍波长 Shepp-Logan phantom 模型
的逆散射问题[95]。西安电子科技大学张玉教授团队研究的
高阶矩量法的并行规模突破千万核；所研究的高阶有限元
法、多层快速多极子算法、时域间断伽略金法、时域有限
差分法等的并行规模均已突破百万处理器核；实现了万单
元阵列天线辐射特性、万波长半空间舰船散射特性的高精
度仿真。北京理工大学盛新庆教授团队研究的并行
MLFMA 于 2022 年使用 8 万 CPU 核以及 1 万 GPU 卡仿真
了万倍波长量级的舰船模型双站雷达散射截面[96]。

4.2.2　2021～2022 年重要进展或突破

1. 数据物理协同计算的电磁正演建模获得验证

数据物理协同的电磁正演建模算法成为本年度的研究

热点，多种数据与物理协同融合方式被提出。物理启发神经网络被应用于多种正演建模问题中，采用正演建模问题的表征物理方程作为目标函数，限制并引导神经网络模型的训练过程。斯坦福大学研究团队训练物理启发神经网络实现周期电介质纳米脊阵列的高效仿真求解器[97]；中国石油大学研究团队采用无监督方式训练物理启发神经网络求解时域麦克斯韦方程[98]。循环神经网络与时域正演建模相结合，利用循环网络与时域算法之间的数学联系，提升时域正演建模效率。斯坦福大学研究团队将有限差分算子嵌入循环网络，模拟时域波动物理，实现对音频波形识别[99]；休斯敦大学研究团队建立与时域有限差分法等价的循环神经网络模型，模拟时域迭代更新规则，提升计算效率[100]；清华大学研究团队利用时域有限差分法与循环卷积神经网络在计算架构上的相似性，基于神经网络的张量数值计算，显式实现二维时域有限差分法，显著地提升计算效率[101]。深度神经网络也被训练作为正演建模的迭代求解器，解构传统迭代求解过程，利用神经网络学习迭代更新规则，降低迭代步数。清华大学研究团队深入研究共轭梯度算法，训练神经网络学习梯度下降方向，实现快速求解混合场积分方程和电场积分方程[102,103]。北京理工大学研究团队也基于类似的思路，训练 U 型神经网络学习共轭梯度算法，实现快速求解介质目标的电磁散射[104]。清华大学研究团队基于残差网络与不动点迭代方法之间的数学联系，训练神经网络学习迭代规则，提出了物理启发的残差学习方法，应用于求解体积分方程[105]。

2. 基于人工智能的参数空间描述方法助力电磁器件优化效率提升

在人工智能中，判别学习模型虽然可以有效加速电磁器件逆设计过程，但是其计算复杂度会随着参数空间增加而指数级提升。例如，清华大学研究团队设计并训练深度神经网络，建立连续空间与离散空间的映射关系，基于辐射方向图预测相控电磁表面编码，实现单波束和双波束扫描[106]。虽然实验测量数据验证了该方法的有效性，但其输出的参数维度与电磁表面单元数量相同，由参数维度增加带来的计算量是无法承受的。生成学习模型提供了全新的电磁器件参数空间描述方法，将电磁器件参数空间降维编码到隐变量空间，可以根据隐变量和预设电磁响应，生成相应的结构设计，提升逆设计效率。浙江大学研究团队提出了自监督学习的变分自编码器，在隐变量空间建立纳米结构与电磁响应联合分布，提升反射式超表面逆设计优化效率[107]。加州大学研究团队将器件结构转化为图像，利用条件卷积生成对抗网络，学习器件结构关于电磁响应的条件分布，降低参数空间维度，提升纳米光学超表面逆设计效率[108]。马萨诸塞大学洛厄尔分校研究团队结合条件和瓦瑟斯坦对抗生成网络，提高神经网络训练稳定性，建模器件结构关于先验信息的条件分布，应用于多功能电磁超表面逆设计中[109]。此外，生成学习模型可以与优化算法相结合，例如遗传算法、进化算法等，将电磁器件参数空间降维编码为隐变量空间，并利用优化算法搜寻隐变量空间确定最优结构设计，提升逆设计效率。普渡大学研究团队搭建条件对抗自编码器件参数空间，训练深度神经网络预测器件响应，利用差分进化算法实现纳米器件多参数全局优化，显著提升优化效率[110]。多伦多大学研究团队利用变分自编码器将双层和三层电磁超表面结构编码到隐变量空间，并利用粒子群算法搜索隐变量空间确定最优结构设计，提升优化效率[111]。

3. 智能电磁成像方法的可靠性显著提升

德国波鸿鲁尔大学研究团队提出了基于深度学习的多输入多输出(MIMO)雷达成像方法，通过构造具有可训练参数的交替方向乘子法(ADMM)深度神经网络，结合压缩感知理论，提升了成像精度与抗噪声能力[112]。法国巴黎萨克雷大学研究团队提出了基于深度卷积神经网络的微波—超声联合成像方法，通过综合利用电磁波与声波数据，实现了对人体乳腺电学与声学属性的精确刻画，大幅提升了对乳腺肿瘤的诊断精度[113]。清华大学研究团队提出了内嵌电磁规律的微波全波逆散射成像方法，根据麦克斯韦方程构造人工神经元的连接关系，搭建了具有物理内涵的深度电磁成像网络，推动了深度神经网络在电磁成像中的可解释性研究[114]。浙江大学研究团队提出使用贝叶斯深度神经网络对电磁成像结果进行不确定度分析，该网络可根据电磁数据快速生成目标图像并预测不确定度的空间分布，为评估智能成像的准确性提供了有效方法[115]。电子科技大学研究团队提出使用监督下降方法重建各向异性地质体的电阻率分布，有效融合了物理规律与机器学习，发展了快速稳定的地层重建方法[116]。北京理工大学研究团队通过结合 T 矩阵成像方法与对抗生成深度神经网络，解决了传统方法同时重建良导体与非均匀复杂介质不准确、效率低的难题[117]。

4. 智能信道建模方法对复杂信道的刻画能力增强

韩国光云大学研究团队以三维城市模型为输入，提出了基于三维卷积神经网络的 5G 毫米波路径损耗建模方法，实现了在 90.62%的测试区域内低于 10dBm 的预测误差，较二维卷积神经网络显著提升[118]。北京交通大学研究团队通过卫星图像的红、绿、蓝通道的颜色信息表征无线通信电波传播路径的环境特征，对跨基站路测点的预测结果与实测数据之间的相关系数达到 0.83，弥补了在缺乏场景详细模型和材质参数时路径损耗求解困难的空白[119]。电子科技大学研究团队建立了基于数字地图的场强预测模型，通过神经网络实现了不同地形条件下的绕射损耗预测，有效提高了复杂地形下的场强预测精度[120]。

5. 最新深度学习技术助力芯片设计与电磁兼容

韩国科技研究院研究团队使用深度强化学习自动设计三维芯片的去耦电容排布，大幅缩减了电容分布的寻优空间，仅需 288s 可实现传统方法历时一个月的优化效果，将电磁仿真次数降低 4 个数量级[121]。浙江大学研究团队提出了基于层级注意力的深度神经网络模型，定量地评估了电路结构参数对远场辐射的贡献值大小，加工了用于远场辐射测试的封装测试板，验证了带有注意力权重的神经网络模型预测的有效性[122]。美国密苏里科技大学研究团队应用深度卷积神经网络，对考虑多种板形、层数、芯片位置、去耦电容分布的 130 万训练样本进行拟合，实现了对多层

PCB 板配电网络阻抗的准确预测，计算时间降至 0.1s，比边界元仿真快 100 倍，比全波形仿真快 5000 倍[123]。

6. 高性能电磁场仿真软件与超级计算机逐步实现协同发展

美国 CREATE 计划研制的射频集成仿真高性能计算软件工具 SENTRi 支持天线设计、与平台集成的天线设计、微波器件设计等功能[124]，并能适应超级计算机的发展趋势，为多个科研机构提供高性能电磁计算支撑。西安电子科技大学研究的高阶矩量法于 2021 年首次实现了 E 级超级计算机全机运行，成功直接求解了舰载飞机辐射问题，复数稠密矩阵规模达到 447 万。随着并行电磁算法、电磁专用基础数学库[125]、电磁专用前后处理技术的不断突破，我国的高频电磁场仿真软件技术成熟度不断提高；与此同时，国产超级计算机的快速发展极大地推动了高频电磁场仿真软件在性能上的提升，支撑国产软件具备了万单元大型阵列天线辐射特性、万波长电大尺寸目标散射特性的全波仿真能力。

4.3　近场测试传感器技术

4.3.1　全球态势与国内现状

近场电场探头和磁场探头在近场测量领域中至关重要，并且常用于捕获瞬变电磁电压/电流辐射源或跟踪电磁噪声的传播路径，评估电子设备中的电磁场辐射量级。近场测试数据通过近场扫描获得，被广泛应用于绘制受测试设备上方特定表面上的电磁场分布。

1. 传统以同轴线结构为主的近场探头研究

近场探头作为电磁场传感器，被广泛应用于表面成像，微波材料特性成像，检测表面裂纹，测量印刷电路板的噪声以及测量介电常数。对于低于近场测试系统中噪声限值特别多的辐射发射，一般不能被灵敏度较低的探头检测到。为评估和分析较低的电磁辐射，需要研制在可估计噪声限值以上的高灵敏度探头。设计电场探头最常见的方法是使用末端开路的同轴线结构来构建近场法向电场探头，测量微带线的电场分布[126]。Whiteside H.通过小环天线设计了磁场探头[127]，并分析了小环天线作为磁场探头测量微带线磁场的特性。1983 年，T.E. Batchman 设计了一种亚毫米级的切向电场探头[128]，用于射频电磁场的测试，该探头由 0.6mm 的偶极子天线、零偏置的肖特基势垒二极管和一段高阻的输出结构构成，探头能够不扰动所测试的电场且在 60V/m 到 1200V/m 的场强范围内是线性的。1987 年，Kanda Motohisa 利用渐变的偶极子设计了各向同性的宽带电场探头[129]，在 1MHz～15GHz 频带之间允许测量 1～1600V/m 的电场。Spang M.设计了微型有源切向电场探头[130]，测试频率最高可达 10GHz。Baudry D.等人通过仿真和实验的方法对由末端开路的同轴线构成的法向电场探头进行了校准研究[131]，并提出了通过增加内导体长度或直径可改善电场探头的灵敏度。Bouchelouk L.等人对用于微波电子器件测量的切向电场探头进行了校准研究[132]，并首次定义了切向电场探头的空间分辨率。1996 年，I. Wolff 等人利用半刚性同轴线缆设计了 1～20GHz 的法向电场探头,用于微波电路的诊断[133],该探头实际上是一个单极子天线,只能检测到一个方向的电场分量;为完整地绘出场分布,探头需要检测出电场的切向和法向分量,1998 年 I. Wolff 利用电偶极子设计了可以测量电路表面电场切向分量的电场探头[134]。从此以后,主要关于电场探头的研究主题包含了空间分辨率提升、灵敏度改进以及将这种测量扩展到更高频率[135]。用两个开路的同轴线焊接在一起形成类似于偶极子天线,来测量切向电场分量[136]。

2. 基于 PCB 设计工艺的新型电磁场探头研究

基于 PCB 设计工艺,一种由平面多层屏蔽环线圈组成的探头被设计[137],可以用于测量大规模集成电路芯片高频近场磁场,随后基于 PCB 工艺的宽带磁场探头也被设计[138]。薄膜工艺相比于 PCB 工艺具有更小型化设计的特点,基于薄膜工艺的磁场探头也被提出[139],该探头可以用于获得大规模集成电路功率走线上的电流值,并通过减小探头环的尺寸来提高探头的空间分辨率;Daryl Beetner 等人继续对基于薄膜工艺的磁场探头进行研究,利用薄膜工艺致力于磁场探头空间分辨率的提高[140]。基于 PCB 制造工艺结合集成电路来设计有源磁场探头是一个很好的设计方案,因为 PCB 制造工艺价格低廉,易于重复设计,同时使用集成电路也可以和 COMS 工艺一样,确保近场探头的小型化。李光华通过集成电路芯片和 PCB 工艺设计了有源切向电场探头[141],相比于 COMS 工艺,这种设计极大减小了加工成本,但是由于芯片频率的限制以及缺少场路协同仿真设计，所设计的切向电场探头最高工作频率低于200MHz。一些学者利用谐振电路和阻抗匹配技术实现了在特定测试频点具有高灵敏度的近场探头[142]。David Pommerenke 教授针对工作于窄频段设备的电磁发射近场测试，基于传输线谐振器以及级联 1/4 波长变换器设计了高灵敏度谐振电场探头[143]，通过将差分环形式探头的 LC 谐振电路与 Marchand 巴伦合并，设计了灵敏度增强的谐振磁场探头，大大增强了探头在谐振频点处的探测能力。2016年，David Pommerenke 教授利用变容二极管和磁场探头感应环的寄生电感又设计了一种可调谐的高灵敏度磁场探头，灵敏度比同等大小的宽带磁场探头灵敏度高 7～9dB[143]。针对手机中引起的弱射频干扰，David Pommerenke 教授用液氮对三种谐振探头系统接收的信号和本底噪声进行冷却使得其 Q 因子变大并使底噪减小，接收信号增强，从而使系统的灵敏度提高[144]。利用"空气微带线"作为校准源，David Pommerenke 教授和杨森等人首次研究了磁场探头可以耦合差分电场，并提出了利用"floating plate"方式抑制磁场探头的差分电场耦合[145]。Chou Yien-Tien 等人基于低温烧陶工艺，通过屏蔽线圈环和过孔阵列抑制共模电场耦合，提高磁场探头的共模电场抑制比[146]；2013 年，Chou Yien-Tien 等人将平行的 C-型带状线嵌入到磁场探头环的前端，来形成共模高通的带陷滤波器，抑制共模电场的耦合，提高了磁场探头对共模电场噪声的抑制[147]。

3. 近几年商用探头的发展

近几年，一些国际公司对近场探头及相应设备也进行了产业化，例如德国的 Langer EMV 公司、安诺尼公司 (Aaronia)和美国的 API 公司。Langer EMV 公司研发了多种近场测试探头，可以应用于印刷电路板和集成电路的抗干扰特性检测、干扰发射测试。Langer EMV 公司的手持式有源近场探头(MFA01)，测试频率范围为 1MHz～6GHz，分辨率为 0.2mm。MFA 01 近场磁场探头包含以下几个系列型号：MFA-R 0.2-6 磁场探头，MFA-K 0.1-12 磁场探头，MFA-R 0.2-75 磁场探头。MFA-R 0.2-6 磁场探头可用于探测高频磁场，其测试频率覆盖范围为 100MHz～1GHz，分辨率为 0.3mm。MFA-K 0.1-12 磁场探头可用于探测高频磁场电流，其测试频率覆盖范围为 100MHz～6GHz，分辨率为 0.2mm；MFA-R 0.2-75 磁场探头测试频率覆盖范围为 100MHz～1GHz，分辨率为 0.3mm。这三种型号磁场探头的尺寸大约为 12mm×270mm。Langer 公司生产的 XF1 系列磁场探头测试频率范围覆盖为 30MHz～6GHz，尺寸与 MFA 01 系列探头相当。Aaronia 公司生产的 PBS 系列磁场探头的测试频率较 Langer 公司 MFA 01 系列磁场探头测试频带宽，频率覆盖范围为 DC～9GHz，但是空间分辨率远不及 MFA 01 系列磁场探头。

4. 国内探头研究情况

我国在近场探头研究方面起步较晚，许多团队主要在 2010 年以后开始着手近场探头的相关研究工作，但是经过许多专家学者的不懈努力，我国在近场探头设计方面也取得了长足的进步，尤其是北京航空航天大学电磁兼容技术研究所电磁探头研究团队对小型化、宽频带、高灵敏度的电场和磁场探头做了大量研究，取得了一系列重要成果。在小型化近场探头研究方面，北航团队许多研究成果在国内属于首创。北航研究团队研制了一系列近场探头，如切向磁场探头、切向电场探头、法向电场探头、高灵敏谐振法向/切向电场探头、有源电场探头和有源磁场探头，该团队是目前国内近场探头设计种类最多、拥有探头设计领域自主知识产权最多的科研团队。北航团队在近场探头设计方面做了许多开创性研究工作。北航团队于 2016 年研制出了工作频带为 9kHz～20GHz 的磁场探头[148]，于 2018 年在磁场探头研究的基础上，设计了在 9kHz～10GHz 频带内具有高平坦度的磁场探头[149,150]。为了解决无源近场探头在低频段传输增益小、在复杂电磁环境中检测微弱磁场信号困难的难题，该团队又相继研制了有源电场[151-153]和有源磁场探头[154]来提高近场探头低频段的增益。同时北航团队在开发超宽带电场探头和磁场探头方面也取得了重要成果，首次成功开发出了 9kHz～40GHz 的超宽带电场探头，成功开发出了 9kHz～20GHz 的超宽带有源电场探头和有源磁场探头。随后，南京信息工程大学万发雨教授等人设计了工作频带为 0.05GHz～7GHz 的磁场探头，浙江大学魏兴昌教授、上海交通大学毛军发院士团队也展开了近场磁场探头的前沿研究。

4.3.2　2021～2022 年重要进展或突破

1. 超宽带电场探头和磁场探头研究

北航电磁兼容团队提出了栅栏式过孔阵列和同轴过孔阵列技术用于宽带近场电场探头谐振抑制和阻抗匹配，扩展了近场探头的带宽。栅栏式过孔阵列可以有效抑制近场探头中的平行板模式，减少能量的泄漏，同轴过孔阵列实现近场探头宽频带的阻抗匹配，两项技术的应用抑制了近场探头中的本征谐振。基于栅栏式过孔阵列技术和同轴过孔阵列技术所设计的法向电场探头和切向磁场探头工作带宽均为 9kHz～20GHz，成功解决了宽带近场测试中需要多个探头轮换配合使用的测试问题。

2. 高灵敏度谐振探头研究

北航电磁兼容团队提出了基于谐振设计思想、阻抗匹配技术和末端加载技术设计高灵敏度谐振法向电场探头的设计方法。利用平面螺旋结构和矩形平板结构设计谐振器，利用折叠的单枝节阻抗变换器实现特定频点的阻抗匹配，保证了谐振法向电场探头感应到的信号能以最大功率的传输。末端加载技术使得谐振法向电场探头灵敏度得到了进一步提高。相比较于同等物理尺寸感应端的非谐振法向电场探头，通过本设计方法可以使得法向电场探头在特定频点灵敏度提高 9～12.3dB。同样基于谐振设计思想和阻抗匹配技术，利用可变电容器设计可调谐的高灵敏度谐振法向电场探头，使得谐振法向电场探头在一定频率范围内都具有高灵敏度。

在国际上首次成功设计高灵敏度的谐振切向电场探头。利用末端加载技术和折叠偶极子臂设计了改进型电偶极子作为谐振切向电场探头的感应端，在保持切向电场探头空间分辨率不变的前提下有效提高切向电场探头的灵敏度。利用开路、短路短截线设计了谐振器，利用 Marchand

巴伦实现差分到单端的转换和阻抗匹配。相比较于同等尺寸感应端的非谐振切向电场探头,基于改进型偶极子所设计的谐振切向电场探头在特定频点灵敏度提高了 14.82dB。

3. 超宽带有源电场探头和有源磁场探头研究

北航电磁兼容团队设计了超宽带有源电场探头和有源磁场探头,有源电场使用了圆形探针结构,有源磁场探头使用了含有隔离过孔的屏蔽金属环结构,保证了探头的超宽带特性。同时加入工作频段相匹配的放大芯片,设计中所选择的放大芯片为 HMC797APM5E,其工作频带为 DC~22GHz。并且加入了电源管理芯片以实现对外接电源的调节,进而对放大芯片进行供电。两种有源探头的工作频带均为 9kHz~18GHz,相较其他同类型有源探头,工作上限频率提升了 10~15GHz,能够实现宽频带以及高频段的信号测试。

4.4 集成电路电磁效应

4.4.1 全球态势与国内现状

随着近年来集成电路的快速发展,电路或封装内的集成密度不断提高,数据交换速率不断上升,系统功能不断增强,集成电路涉及的相关电磁效应变得越来越重要,对电子设备工作的可靠性带来了巨大挑战。集成电路是电子设备电磁兼容问题中的关键要素,它既是干扰源又是被干扰的对象,而整个电子系统的成功与否不仅需要考虑芯片设计本身,还必须全面考虑芯片与封装、印刷电路板的相互作用，妥善解决包括电源噪声、信号传输、电磁兼容等一系列复杂电磁效应问题。在国家重点发展集成电路产业的大背景下，电磁兼容在这个领域的应用前景广阔，大有可为。近几年，关于集成电路的电磁效应研究领域，其现状和发展态势大致可归纳为以下几个方面：

1. 集成电路中信号完整性、电源完整性、电磁兼容性之间的关联性不断增强

随着工作速度、频率和电路密度的不断提高，集成电路中的信号完整性、电源完整性以及电磁兼容性三者之间密切相关。例如，晶体管的上拉或下拉能力取决于它们的直流偏置电平，工作频率升高和供电电压的下降会导致直流电平上的噪声带宽更宽以及噪声容限更小，而电源上的噪声和波动会降低高速信号的抖动和眼图开度方面等信号完整性问题，信号通路和电源网络上的噪声还可以通过封装或 PCB 传播，并成为电磁干扰的来源。通常情况下，数字电路噪声引起的近场干扰导致射频通信电路的灵敏度(或吞吐量)下降，因此在紧凑型封装或系统板中进行射频和数字电路的高密度集成一直是个难题，给复杂通信系统的综合设计带来了不小的挑战。在工业界的产品开发过程中，通过仿真手段在集成电路和封装设计阶段就对潜在的信号/电源完整性以及电磁兼容性问题进行控制，可以降低研发成本与缩短产品开发时间，这也是目前集成电路和先进封装产品的设计趋势。在学术界，近年来 IEEE EMC 协会在每届全球年会中都将信号完整性与电源完整性列为重要会议主题，并正在着力筹备 *IEEE Transactions on Signal*

and Power Integrity 的创刊事宜，凸显出信号/电源完整性
与电磁兼容问题研究在集成电路和封装设计领域中的紧
密联系。

2. 面向三维集成电路和先进封装结构的电磁效应研究
受到广泛关注

随着多功能集成化和系统小型化需求的增加，三维集
成电路以及先进的系统级封装技术引起了人们的广泛关
注，已成为解决当前 CMOS 技术发展瓶颈问题的重要手段
之一。然而，这些高密度集成方式导致的复杂电磁环境成
为电子系统电磁兼容问题的关键挑战。硅通孔是三维集成
电路中的典型结构，为了实现良好的信号传输性能，降低
耦合噪声，在设计中可采用保护环结构，接地孔屏蔽等方
式或是制备同轴型的硅通孔结构。基于系统级封装，射频、
模拟、数字等多种类型的芯片封装在同一衬底上，增加了
集成电路系统内干扰的风险。为了降低不同组件或功能电
路之间的电磁耦合，设计师们探索了多种有效技术。例如，
通过精心设计的缺陷地结构或电磁带隙结构，可以有效抑
制供电系统内的同步开关噪声传播，从而降低数字电路噪
声对射频电路或是模拟电路的干扰。在电磁屏蔽方面，由
于传统的金属屏蔽盒设计方式占用了较大空间，因此不利
于系统结构的小型化。近年来，人们提出了基于喷涂工艺
的保形屏蔽方法，将屏蔽层与封装相结合，为封装模块提
供屏蔽能力，同时保持封装尺寸不变。另外，在封装结构
的电磁效应评估领域，近场扫描方法逐渐被用于工业界和
学术界的电磁屏蔽测量。其主要原因是对于大多数封装结

构，其辐射场非常微弱，以至于无法在其远场(例如腔室)中检测到。对于封装屏蔽设计人员来说，全面了解屏蔽效能的特性非常重要。将近场探头用于测量屏蔽效能，可以很好地评估不同封装结构和材料的屏蔽能力。

3. 针对集成电路的静电放电防护向先进工艺和定制化方向演进

静电放电导致的集成电路故障是电子产品面临的主要可靠性问题之一。集成电路产品在制造工艺、芯片规模、封装形式、应用需求等方面呈现多样性和复杂性，因此面临的静电放电问题也层出不穷。针对集成电路产品的静电放电防护工作至今仍是一个研究热点，尤其是面对先进工艺、高速电路、超低功耗电路、便携式设备的特性，要求静电放电防护必须进行大量的定制化的研究。例如，针对高压集成电路的静电放电防护已经日趋完善，但针对一些先进的低压集成电路工艺制程，仍然存有大量的研究空间。然而，与信号完整性和电源完整性问题不同，静电放电问题不存在成熟的标准模型，目前仅开发了标准建议书，例如 IEC 62433-4(用于射频传导抗扰度建模的集成电路抗扰度模型)，以及正在建立的系统级静电放电建模瞬态干扰抗扰度方案。集成电路对瞬态干扰的敏感性，如静电放电或电快速瞬态脉冲，与芯片上静电放电防护能力密切相关。随着集成电路工艺的不断进步，设计人员研发出越来越复杂的防护方案用以提高芯片的可靠性，然而这些方案可能会对芯片的电磁兼容产生负面影响。同时，由于静电防护方案复杂度的上升，还会导致集成电路建模和仿真难度的显著增加，需要开发更加准确的表征模型和更为高效的仿真技术。

4. 基于人工智能的集成电路电磁分析和优化设计成为研究热点

基于目前人工智能技术的发展现状以及在各领域的应用情况，人工智能已成为目前的研究热点，该技术将有望突破当前集成电路设计面临的困局。例如，采用人工智能技术对集成电路和系统级封装电磁兼容领域的大量仿真和测试数据进行深度学习，将有助于开发全新的分析思路和设计流程，显著提高设计人员的工作效率，避免大量的重复性工作。人工智能在集成电路的电磁效应分析和优化设计上的应用，包括在建模阶段基于三维结构建模的自适应学习，以及设计阶段基于目标性能的自动优化。人工智能技术的特点在于可以提高建模效率、缩短优化时间、结构自主学习、减少人工迭代。例如，传统的高速集成电路眼图估计方法非常耗时，每次估计眼图时都需要进行复杂地电磁仿真。而将机器学习方法应用于信号完整性分析的高速通道建模，一旦成功训练出回归模型，可根据各种设计参数预测高速通道的性能，例如快速预测高速通道的眼图和快速预测高速通孔的阻抗。与利用高效数值技术或先进硬件来加速仿真的传统方案相比，基于机器学习的方法极大节省了复杂电路的模拟资源，并且无需大量的相关领域知识。此外，机器学习模型具有强大的特征表示能力，还可以在考虑封装设计参数的同时准确地处理辐射预测。

4.4.2 2021～2022 年重要进展或突破

1. 高速链路的准确高效眼图预测技术

眼图分析是集成电路信号完整性评估的有效工具。传统方法通过三维全波电磁瞬态仿真来实现眼图分析，对具有低误码率的复杂高速通道来说非常耗时。美国佐治亚理工大学的研究团队提出了一种基于贝叶斯优化的方法，用于快速获取高速链路最坏情况下的眼图特征[155]。最差眼图利用基于格雷码的映射方案来降低复杂性，在基于必要的领域知识后，采用贝叶斯优化方法寻找最坏情况点和波形。数值结果表明，该方法在准确地获取眼高和眼宽特征的前提下，与传统的瞬态眼图仿真方法相比分析效率提高了 47 倍。此外，韩国科学技术院(KAIST)提出了基于通道特征的深度神经网络模型，并将其应用于高带宽存储器硅中介层传输通道的眼图估计中[156]。该模型对通道特性高度相关的设计参数进行预处理，通过考虑每个设计参数对眼图的贡献，在数据集样本较为有限的情况下也可以准确估计通道的眼高和眼宽。与未考虑通道特征的传统深度神经网络模型相比，该模型将眼高和眼宽错误率降低了 26.7% 和 28.8%，取得了很好的实施效果。需要指出的是，基于眼图的信号完整性分析大都基于线性时不变假设来计算低误码率的眼图裕度。然而，非线性和时变效应在高速系统设计中也是非常重要的。针对该问题，美国普渡大学的研究团队提出了一种高效的非线性链路眼图预测技术[157]。其核心思想是采用一个 k 秩矩阵来表示对 2^m 个输入的非线性响应，其中 k 为响应中不同波形的数量(其值远小于 2^m)，并开发快速的全交叉逼近算法来寻找具有低复杂度的 k 秩模型。由于传统的优化方法需要进行耗时的非线性仿真来优化结果，因此该方法在 CPU 运行时间和内存使用方面显著优于贝叶斯优化技术。

2. 基于硅通孔/玻璃通孔的集成电路噪声抑制技术

随着 5G 无线技术以及各种智能便携终端设备的发展，采用硅中介层的系统级封装得到了越来越广泛的应用。为了有效抑制硅中介层内电源分配网络的宽带噪声，西安电子科技大学研究团队提出了一种基于硅通孔的新型三维电磁带隙结构，以及用于准确快速预设计的电路模型[158]。该结构主要由两个部分组成，分别为硅通孔构成的三维电容以及重布线层构成的三维电感。基于硅通孔高密度集成的特点，该电磁带隙结构可以克服现有结构的带隙窄、面积大、与格状电源分配网络不兼容等缺点，还可以通过改变结构参数来调整结构的带隙，以便适应不同的噪声场景。实验表明该结构可有效抑制芯片或其他模块在中介层中产生的同步开关噪声，在抑制深度为 -40dB 以下的工作带宽为 13.22GHz(6.69～19.91GHz)，相对带宽高达 166.9%。在实际应用中，由于硅基板的导电性，硅中介层中传输的高频信号容易出现衰减和眼图失真等信号完整性问题。为了克服上述问题，玻璃基板被视为一种更为合适的基板材料。然而，由于玻璃基板的损耗较低，玻璃通孔之间的噪声耦合抑制变得更为困难。这种耦合噪声会导致敏感芯片(如射频和混合信号系统)性能下降和故障。因此，玻璃通孔噪声耦合的屏蔽对于最大限度地发挥玻璃中介层的优势至关重要。韩国科学技术院(KAIST)首次对玻璃基板中通孔耦合噪声进行了测量[159]。为了抑制信号玻璃通孔之间的噪声耦合，提出了四种设计结构，包括信号过孔间距变化、接地屏蔽过孔数量变化、接地焊盘和保护环。通过测试验证，这四种结构能够使耦合噪声分别减少大约 6dB、9.4dB、6.6dB 和 8.1dB，实施效果良好。

3. 基于近场扫描的系统级封装结构屏蔽效能分析

系统级封装具有多功能、小型化和高密集集成等特点，近年来得到了越来越广泛的应用。然而，系统级封装的复杂电磁环境使得电磁兼容问题变得至关重要，包括内部的电磁耦合问题以及外部的电磁干扰问题。通常采用屏蔽方法来保护集成电路和封装结构免受外部电磁干扰的影响。浙江大学研究团队提出使用近场扫描方法来评估封装结构的屏蔽效能[160]。他们发现如果通过最大近场值进行评估，则系统级封装结构在屏蔽前后的近场模式差异可能会导致对屏蔽效能指标的高估。然而，若基于平均近场值来评估屏蔽效能，则与通过辐射功率获取的屏蔽效能结果具有良好的一致性。该研究不仅揭示了系统级封装的近场屏蔽特性，还有助于建立近场扫描、横电磁波小室、混响室等不同方法获取的屏蔽效能之间的相关性，对深刻理解系统级封装的屏蔽效能具有重要指导意义。此外，该团队还研究了基于溅射镀膜工艺的封装共形屏蔽结构，主要以封装结构镀膜外近场磁场隔离度作为衡量电磁屏蔽性能的依据，采用理论建模分析和全波仿真相结合的方法，探究得到影响系统级封装电磁屏蔽性能的关键因素，包括有信号沟道、接地焊球分布、镀膜电导率、接地焊球数量以及辐射源位置等，具有很强的实用价值。

4. 基于人工智能的集成电路封装电磁辐射建模和优化设计

近年来，人工智能技术得到了蓬勃发展，并已在多个领域得到了成功应用。将该技术用于集成电路和封装的分析设计，可以显著提高建模效率、减少人工迭代、缩短优化时间。浙江大学研究团队针对引线键合球栅阵列封装的电磁辐射干扰预测问题，构建了多种有效的机器学习方法，包括深度神经网络、卷积神经网络、支持向量回归、K-最近邻，线性回归等模型[161]。通过调整不同深度学习模型的关键超参数，使得模型的预测误差最小。通过系统地研究和比较，发现深度神经网络模型的预测准确率最高。该团队还提出了一种基于分层注意力深度神经网络模型，以减少训练数据集的数量，并识别对辐射预测贡献较大的结构参数。实验表明，具有注意力权重输入的深度神经网络模型比原始模型需要更少的训练数据集，并通过远场结果验证了深度神经网络模型的有效性和可行性。此外，人工智能技术在集成电路封装的优化设计方面也得到了应用。安徽大学研究团队采用通用人工神经网络和遗传算法对多层封装系统中的新型垂直引线键合互连结构进行建模和优化[162]。键合线的阻抗补偿结构采用了感性和容性技术相结合的思路，在传输线下方设计了具有感性短端通孔的容性带状线。在基于遗传算法的优化过程中，采用广义回归神经网络算法建立电磁模型数据库。与传统的优化算法相比，输出性能可以直接通过协同组合的方法实现，极大减少电磁仿真时间。测试结果表明，优化后的引线键合互连结构的回波损耗得到了显著改善。

4.5　涡旋电磁波理论及其关键技术

4.5.1　全球态势与国内现状

轨道角动量(Orbital Angular Momentum, OAM)构成电磁波的基本物理属性之一[163]。我们把携带有轨道角动量的电磁波称为涡旋电磁波(electromagnetic vortex wave)，它表现出与常规平面电磁波不同的性质，涡旋电磁波的轨道角动量构成了电磁波除频率、极化、幅度、相位、时间之外又一新的独立维度，理论上在任意频率下都具有无穷多种互不干扰的正交模态[164]。国内外对于涡旋电磁波的研究主要集中在涡旋电磁波的产生调控、传播、接收，以及相关应用等方面的理论方法与关键技术[165]。研究与应用领域既包括传统的电磁领域，也涉及无线通信领域以及雷达成像与探测领域。近年来对于涡旋电磁波的研究热度不减，主要表现在以下几个方面：

1. 涡旋电磁波的调控理论和调控能力不断加强

相较于传统的平面电磁波，涡旋电磁波增加了轨道角动量(OAM)这一新维度，这也为电磁波的调控增加了新的途径。从涡旋电磁波的 OAM 模态维度对其进行调控，可以同时兼顾涡旋电磁波的波形特性与 OAM 模态谱特性。1992 年，荷兰物理学家 L. Allen 等人证明具有螺旋相位因子的拉盖尔-高斯(Laguerre-Gaussian)光束携带有轨道角动量[166]，这也使得 OAM 在光学领域的应用研究掀起热潮。2007 年，瑞典物理学家 B. Thide´等人将 OAM 引入微波频段[167]，提出电磁涡旋的概念并通过均匀圆环阵(Uniform Circular Array, UCA)天线完成了微波段的第一个 OAM 涡旋电磁波仿真实验。2010 年，瑞典 Siavoush M. Mohammadi 等人及所在的研究团队采用 UCA 天线仿真实现涡旋波的产生与接收，深入研究了涡旋电磁波的性质及其检测方法[168]。2012 年，意大利 Fabrizio Tamburini 等人及所在的研究团队采用螺旋反射面产生涡旋波并实现无线信息传输[169]。随后该研究团队又通过涡旋波与非涡旋波在 WiFi 频段的共同传输[170]，证实了涡旋波的抗干扰能力、对地面反射与同频干扰的鲁棒性，该实验也证实涡旋波可提升通信容量，且与传统的数字调制技术具有兼容性。此间，国内外有关涡旋波的产生、传输，以及接收的方法不断提出[171]，并且基于电磁超材料和超表面的灵活调控[172,173]，涡旋波在通信与雷达成像领域的应用也在不断地发展[174,175]。同时关于涡旋电磁波的研究也在向毫米波段与太赫兹波段发展[176]。

2. 针对涡旋电磁波的波束发散特性，提出多种应对理论和方法

鉴于涡旋电磁波自身所存在的波束发散特性，制约着其在无线通信与雷达等领域中较远距离场景的应用。一方面从涡旋电磁波的发射端考虑进行解决，无衍射波束具有在特定的传播区域保持波束不发散的特性，因此考虑将无

衍射波束理论与涡旋电磁波理论相结合，实现准无衍射涡旋电磁波设计。国内西安电子科技大学的研究团队将准无衍射 Bessel 波束设计理论引入到准无衍射涡旋电磁波的产生调控设计[177]，而国外纽约州立大学(State University of New York)的研究团队与国内北京邮电大学的研究团队则先后分别在 2019 年和 2021 年将准无衍射 Airy 波束设计理论引入到准无衍射涡旋电磁波的调控设计，实现了涡旋电磁波的在特定传输区域的准无衍射传输[178,179]。另一方面，从涡旋电磁波的接收端进行考虑以减小接收天线口径，并发展出了相应的涡旋电磁波接收理论和方法。在 2013 年 美 国 UCLA(University of Southern California, Los Angeles)的研究团队较早针对光涡旋波提出部分口径接收方案[180]，随后在 2015～2021 期间，国内浙江大学和西安电子科技大学的研究团队以及香港大学的研究团队，分别从不同的层面提出和改进了相应的涡旋电磁波采样接收理论和方法[181-184]。

3. 涡旋电磁波在无线通信与雷达成像与探测等领域的研究持续发展

在 2021 年 6 月由 IMT-2030(6G)推进组发布的《6G 总体愿景与潜在关键技术白皮书》中，轨道角动量构成 6G 新物理维度无线传输技术中的一项关键技术。雷达学报也在 2021 年下半年出版了"涡旋雷达理论及应用系统"专题。国内外的高校与企业也在持续推动涡旋电磁波在无线通信与雷达领域的有关理论与应用研究。

日本的 NTT 公司则致力于高速率无线通信传输实现，

据 2021 年公开报道，该公司研究团队已在毫米波段实现大于 100Gbps 的无线传输试验，传输距离大于 100m[185]；国内浙江大学的研究团队则提出了平面涡旋波理论[186]，并在 2021 年实现了基于 OAM 模态组构成的 MIMO 通信试验[187]；国防科技大学在涡旋电磁波雷达成像领域做出了诸多创新性的研究成果，并在 2021 年进行了基于涡旋电磁波的三维目标成像方法研究[188]。此外，美国的雷神公司，日本的 NEC 公司，以及国内的华为以及中兴等企业在近几年也积极投入到涡旋电磁波领域的研究工作[189-191]。并且涡旋电磁波在量子通信[192]，物理层保密通信[193]，以及电磁兼容领域[194]同样表现出巨大的研究潜力。

4.5.2　2021～2022 年重要进展或突破

1. 基于电磁超材料的涡旋电磁波复用调控机理与实现

电磁超表面是电磁超材料的一种二维结构实现形式，由亚波长尺度的基本单元按照一定的规律排列而成，具有灵活操控电磁波幅度、相位、极化，以及频率等特性的能力，极大地拓展了电磁波调控的手段[195]。电磁超表面在涡旋电磁波调控实现方面发挥了重要作用。2021 年由国内的浙江大学，香港大学以及英国的伦敦大学学院(University College London)等多家单位合作研究，提出了 OAM 涡旋电磁波多波束应用场景下 OAM 涡旋电磁波复用的理论极限，并设计了全息电磁超表面对该极限理论进行仿真和实验验证，这对指导涡旋电磁波复用在科学研究与工程应用上具有重要意义[196]。同样在 2021 年，香港城市大学的研究团队在毫米波段通过全息超表面透镜实现了多个 OAM

模态的复用产生设计[197]，而在同一年国内西安电子科技大学的研究团队则通过反射型电磁超表面设计作为涡旋电磁波收发装置，在微波段实现了多个 OAM 模态涡旋电磁波复用与解复用传输，并完成了有关原型样机与试验[198]。

2. 准无衍射涡旋电磁波的产生调控与应用

准无衍射涡旋电磁波可以在特定的波传播区域保持涡旋电磁波束不发散，主要在近场区域实现对涡旋电磁波的调控与应用。在 2021 年，国内西安交通大学的研究团队通过全息阻抗电磁超表面技术实现了高阶 OAM 模态准无衍射 Bessel 涡旋电磁波的多波束产生调控设计[199]。西安电子科技大学的研究团队则提出了携带有多个 OAM 模态的准无衍射 Bessel 涡旋电磁波产生调控设计方法，并通过反射型电磁超表面仿真和试验了携带有两个不同 OAM 模态的准无衍射涡旋电磁波束特性[200]，为多 OAM 模态准无衍射涡旋电磁波的产生调控与实现奠定了基础。同时在 2021 年前后，香港城市大学在毫米波与太赫兹波段提出了在涡旋电磁波的波束传播轴向具有延展特性的高阶 Bessel 涡旋电磁波束设计方法，并进一步提出了毫米波与太赫兹波段准无衍射涡旋电磁波在即将到来的 5G 以及后 5G 中的应用前景[201]。

3. 涡旋电磁波量子传输理论分析及涡旋电磁波量子雷达应用

2021 年，国内清华大学的研究团队提出涡旋电磁波量子态理论[202]，对涡旋电磁波轨道角动量传输的量子电动力学特性进行了分析。该研究团队从理论上对涡旋电磁波进行了统计态涡旋电磁波和量子态涡旋电磁波的理论划分，阐述了二者之间的区别，并提出了相应的电磁波量子态轨道角动量通信系统及方法，采用量子态涡旋电磁波传输将不受波束发散和对准等因素的影响。通过回旋管产生相应的涡旋微波量子进行发射，并通过专用的涡旋电磁波量子接收装置进行接收[203]。同年在此基础上，该研究团队又提出了涡旋微波量子雷达的数学模型与物理模型，以及对应的雷达系统架构，为后续涡旋微波量子雷达发展奠定基础[204]。关于量子态涡旋电磁波的研究很有可能会成为涡旋电磁波理论与应用实现的一个重要研究方向。

4.6 先进碳基电磁防护材料技术

4.6.1 全球态势与国内现状

从全球范围看，碳基电磁防护材料一直是电磁防护材料中研究热点之一。相对于金属材料密度大易腐蚀等缺点，碳材料具有轻质、低成本、易制备、优异的热电性能等诸多优点。炭黑、石墨、碳纤维等碳基材料已经得到较为广泛的应用。先进碳基材料主要包括富勒烯、碳纳米管、石墨烯、石墨炔、碳气凝胶等碳纳米材料和高性能碳纤维等先进碳材料及其多元复合材料体系，尤其是碳纳米管、石墨烯、MXene复合薄膜、碳气凝胶及其多元体系复合材料在力学、热学、电学和电磁波屏蔽或吸收等方面具有优异特性，这使得该类材料在电磁屏蔽、电磁吸收、高导热和隔热/绝热等领域具有显著优势。其发展态势如下。

1. 多元三维复合体系成为全球研究热点

近年来的研究主要集中在三维碳基材料的制备方面。碳纳米球、碳量子点、碳纳米管以及石墨烯纳米片等低维碳材料虽然具有良好的电磁屏蔽和微波吸收能力，但仍不能满足现有器件的发展要求。综合目前的研究成果，三维碳材料的优点主要表现在以下几个方面：首先，具有高度多孔的结构和超大的表面积，有利于平衡阻抗匹配和产生多次反射；其次，通过将泡沫或海绵压缩到一定程度，可以调整电磁性能；再次，可以获得超低密度和强力学性能，这对电子器件的发展至关重要；最后，三维结构形成的导电网络可以提供导电损耗的诱导途径。因此，制备基于三维碳材料的电磁屏蔽材料是今后研究的一个重要方向。电磁屏蔽材料可分为吸收型和反射型两大类。与以反射为主的材料相比，以吸收为主的材料具有更好的抗二次反射污染性能。为了制造吸收型主导的电磁屏蔽材料，要求达到优良的阻抗匹配。因此，碳材料的结构中引入了孔隙，降低了电导率，扩大了电磁波的吸收。此外，利用三维碳材料和导电聚合物、磁性粒子、金属碳化物或氮化物(MXene)、金属有机框架(MOFs)衍生物等材料制备复合材料被认为是提高吸波材料吸波性能的有效方法。一方面，不同元件的多界面导致的极化损耗增大可以提高介质损耗能力，另一方面，不同损耗机制的协同作用可以显著提高阻抗匹配，扩大吸收带宽。

2. 多功能多外场响应电磁防护材料成为需求牵引的重点发展方向

电磁波屏蔽材料可以降低电磁波功率密度。然而，大多数报道的材料仅仅具有特定电磁场响应功能。现代实际应用中有丰富的多种场景，包括高温、强光、强辐射、水流、电、风、密度和流场等。此外，还需满足超低频、多波段和太赫兹等特殊响应能力的新需求。在这种情况下，未来的电磁防护材料应该具有优异的可调谐吸收带。研发多功能多外场响应材料是解决这一问题的有效手段。因此，深入研究不同的外部场响应新型材料及各种作用机理、材料合成方法以及不同宏观结构是未来的研究重点。

3. 我国碳纳米管、石墨烯、碳气凝胶及 MXene 薄膜等碳纳米材料基础研究成果卓著

我国在围绕碳纳米管、石墨烯和碳气凝胶等纳米碳材料研究的研究机构较多，针对其高效和规模化控制制备以及在电子、能源、机械等领域的研究工作开展广泛。浙江大学、北京航空航天大学、西安交通大学、哈尔滨工业大学、复旦大学、清华大学、北京大学、中科院化学所等高校和研究所在纳米碳材料基础科研方面的研究工作较为集中，在 *Science* 和 *Nature* 及其子刊，以及学科顶刊发表了一批涉及电磁屏蔽、电磁波吸收的碳系材料相关学术论文，在国际上产生较大影响。

4. 电磁防护技术应用牵引和典型产品产业化发展明显不足

碳基复合材料在电磁防护领域取得了很大的成就，碳材料/MXene 和 MOFs 衍生的多孔碳三维复合材料方向也取得了令人鼓舞的进展，碳纳米管和石墨烯等纳米碳材料有望在新一代电磁防护材料技术及其器件领域中得到推广

应用。但在实际应用中还有许多工作要做，在机理研究以及产业化应用方面还存在不足。比如，多孔碳三维复合材料阻抗匹配的增强和产生多重反射的内在机制尚不清楚，屏蔽厚度与电导率之间的构效关系以及介质损耗机理等还有待进一步深入研究，迫切需要更多重大的突破，另外，由于实际制备的石墨烯微观结构控制精度不够，导致其要达到实际应用水平，还需要解决一系列问题如大规模制备技术、石墨烯微观缺陷控制技术、透明石墨烯导电薄膜制备技术、工艺可重复性、耐高温抗氧化性以及复合材料界面问题等。此外，电磁防护应用研究与纳米碳材料基础研究存在一定脱节，也是制约该类产品产业发展的主要因素之一。

4.6.2　2021～2022 年重要进展或突破

先进碳基材料的电磁防护性能典型研究热点与重要进展列举如下：

北京航空航天大学程群峰课题组通过桥联诱导的致密化，成功实现了高强度可扩展 MXene 薄膜的制备，相关论文在国际顶尖学术期刊 *Science* 杂志发表。该研究通过依次应用氢键和共价键桥联剂，诱导了 MXene 薄膜的致密化并有效去除空洞，合成了高度致密的 MXene 薄膜。使用该方法获得的 MXene 薄膜具有高抗拉强度，同时具有高韧性、高导电性和高电磁屏蔽性能，3μm 左右厚度的薄膜可在近 20GHz 宽频带上具有 60dB 以上高屏效。这一高性能 MXene 薄膜是可以放大生产的，该方法为将其他二维薄片组装成高性能薄膜提供了一种有效途径[205]。

石墨烯的断裂强度为 130GPa, 杨氏模量为 1.0TPa, 然而, 这种显著的力学性能是在纳米水平上的, 在宏观石墨烯片组装中尚未实现。北京航空航天大学化学学院江雷院士、程群峰教授团队与美国得克萨斯大学达拉斯分校 Baughman 院士团队合作, 使用共价和 π-π 相互作用交联来永久冻结拉伸诱导的石墨烯薄片取向排列, 从而将各向同性平面内薄片的强度提高到 1.55GPa, 并结合较高的杨氏模量、电导率和重量标准化屏蔽效能。此外, 拉伸桥接石墨烯片具有可扩展性, 可以很容易地使用商用树脂黏合在一起而不会显著降低性能, 这为材料的实际应用奠定了很好基础[206]。

复旦大学叶明新/沈剑锋团队报道了一种极端条件下仍具有优异力学性能和电磁屏蔽性能的层状多孔高性能薄膜材料。该研究提出了一种通过"浸渍热压"工艺实现有望规模化生产的高电导率的电磁屏蔽薄膜材料。在单定向结构聚酰亚胺弹性气凝胶的有序孔道中, 通过浸渍法吸附一层二维导电 $Ti_3C_2T_x$ 纳米片, 然后通过"真空热压"和"释压回弹"在薄膜内部构建层状多孔的微结构。该薄膜材料密度仅 $0.39g/cm^3$, 且在-100℃、25℃和250℃条件下, 拉伸强度均保持大于 120MPa, 展现了轻量化的特性和良好的力学性能。由于孔道内部连续化的导电通路, 在 $Ti_3C_2T_x$ 纳米片含量仅为 2.0 vol%时, 其电导率就可达 $1.6×10^3$S/cm。厚度为 90μm 时, 其绝对电磁屏蔽效能可达 15527dB cm^2g^{-1}。更重要的是, 在湿热、火烧、-196℃低温和快速循环热冲击等恶劣条件下处理后, 仍能保持上述优异的电磁屏蔽性能[207]。

石墨烯具有很多优异性能，但是当其应用于聚合物复合材料中时，因其微小薄片的形式受到了限制，需要较高的填充量才能获得令人满意的性能。希腊佩特雷(Patras)大学和意大利那不勒斯(Naples)大学合作，采用半自动工艺生产厘米级 CVD 石墨烯/聚合物纳米层压板。这些薄层压材料在太赫兹(THz)范围内显示出非常高的电磁屏蔽效果，在 33μm 薄的厚度下可达到 60dB，并且每单位重量和厚度的绝对电磁屏蔽效果是迄今为止生产的合成非金属材料的最高值[208]。

吉林大学王策等与韩国高丽大学等单位合作开发了 $Ag-WO_3$ 装饰的聚合物纳米纤维混合膜，具有用于实际应用的多功能多光谱电磁屏蔽能力。例如银提供的优异金属导电性、高光电效应和 WO_3 中高原子序数产生的低热导率，肖特基势垒界面引起的强大的红外能量吸收能力。此外，纳米纤维混合膜结构提供高表面积、良好的透气性以及强大的机械强度和耐用性。这些高导电、轻质、超薄和柔韧的膜在 8~26.5GHz 频率范围内，厚度为 42μm 时表现出 92.3dB 的屏蔽效能，对红外辐射的衰减率为 0.5~0.75，并且在 0.24mm 厚度下，对 30keV 的 X 射线衰减率为 32.03%，表明它们具有从低频微波到高频 X 射线的多光谱电磁屏蔽效应[209]。

简易且低成本制造柔性、轻便、大面积且高效的电磁屏蔽材料仍然是一项重大挑战。清华大学伍晖课题组提出了一种导电网络设计，并通过仿真验证了其电磁屏蔽效果。该团队通过仿真获得的结构和参数，使用银纳米线(AgNWs)/聚乙烯醇缩丁醛(PVB)乙醇溶液和纺织品子结构通过一种容易的浸没方法制备了一种柔性电磁屏蔽材料。在 5～18GHz 的频率范围内，厚度为 1.4mm 的 AgNWs/PVB 纺织品的电磁屏蔽效能为 59dB，超过了商业应用的要求，且密度低至 56mg/cm³，材料的比屏蔽效率(SSE)达到 1053dB m³/g。发现 AgNWs/PVB 纺织品比没有 PVB 保护剂的 AgNWs 纺织品更耐水洗和抗氧化，AgNWs/PVB 织物的电导率在用水洗涤后以及在热空气中保持稳定不变[210]。

　　清华大学任天令团队利用原材料为聚酰亚胺薄膜，采用了激光刻划技术制备出一种蜂窝状多孔石墨烯材料。厚度为 48.3μm 时的屏蔽效能可达 45dB，单片的绝对屏蔽效能达到 240123dB cm²/g，同时具有 0.0388g/cm³ 的超低密度，明显优于已报道的碳基材料、MXene 材料和金属材料。此外，研究人员利用 MXene 和 AgNWs 覆盖的蜂窝孔以增强表面反射，从而使 HPG/AgNWs 复合膜的绝对屏蔽效能达到 292754dB cm²/g[211]。

　　西北工业大学顾军渭团队开发出用于焦耳加热、电磁干扰屏蔽和压阻传感的多功能耐磨银纳米线装饰皮革纳米复合材料。他们通过简易真空辅助过滤工艺，制备了具有层次结构的多功能可穿戴银纳米线装饰皮革(AgNWs/皮革)纳米复合材料，用于集成视觉焦耳加热、电磁屏蔽和压阻传感。AgNWs 穿透皮革真皮侧的微纳米多孔结构，构建高效的导电网络。合成的柔性和机械强度高的 AgNWs/皮革纳米复合材料具有极低的片电阻(0.8Ω/sq)，在 2.0V 的低供电电压下，由于高效的能量转换，其视觉焦耳加热温度高达 108℃，电磁屏蔽效能达到 55dB 以上，在人体运动检测中具有出色的压阻传感能力[212]。

中国科技大学俞书宏院士团队受生物组织结构启发，构造了一种可持续的、由纤维素纳米纤维(CNF)和碳纳米管(CNT)组成的双网络结构材料，它具有出色的比强度(146MPa g^{-1} cm^3)和电磁屏蔽效能(100dB)，且在-196℃～120℃温度循环冲击下性能没有明显变化[213]。

爱尔兰都柏林大学圣三一学院的 Ji Liu 团队报道了使用叶片涂布法在不使用任何黏合剂或添加剂的情况下具有增强的强度和导电性的高性能自立式 MXene 薄膜。厚度为 940nm 的薄膜具有 570MPa 的拉伸强度，而 214nm 的电导率超过 15100S cm^{-1}，与先前报道相比，这两个值都是最高的，具有优异的电磁屏蔽效能，在厚度 940nm 时的屏蔽效能可以达到 50dB 以上[214]。

西北工业大学孔杰教授团队与中科院苏州纳米所、英国伦敦大学学院的专家合作，在可控气集水、制冷制热与电磁波吸收功能集成的石墨烯气凝胶纤维方向取得重要进展，在 90%相对湿度下表现出 4.15g g^{-1} 的吸湿容量。此外，该材料有望应用于吸附驱动的制冷/冷水机组和吸附驱动的热泵，可以利用天然太阳能或工业工厂的废热工作，因此可以大幅降低制冷和制热的能耗。此外该材料还具有优异的吸波性能，吸水后的微波吸收大大提高，有效吸收带宽提高到 9.69GHz(8.31～18GHz)[215]。

北京航空航天大学李宜彬课题组长期关注碳系功能材料基础研究，报道了一种通过温度场改变产生相变，进而提高吸波性能的碳基复合材料，有望应用于特殊场响应需求领域。另外，课题组研发了一种改善二维石墨烯层间结合力的新方法，研究者将氧化石墨烯引入到二维石墨烯，具有丰富多功能基团的氧化石墨烯可以作为黏合剂紧密的将石墨烯连接在一起。所得到的石墨烯薄膜具有优异的柔韧性能和抗疲劳性能，在 8～12GHz 宽频带电磁屏蔽性能达到 60dB 以上，厚度只有 40μm。相关文章发表在国际著名期刊 Carbon 上[216]。

郑州大学刘春太教授等人报道了通过定向冷冻法和肼蒸汽还原法制备得到一种新型的含有磁性 Ni 纳米链锚定的三维 MXene/石墨烯复合气凝胶。特殊的取向结构和介电/磁性组分的异质界面有利于获得优异的吸波性能，具有良好的阻抗匹配、多重极化和电/磁耦合效应。超轻气凝胶(6.45mg·cm^{-3})可以实现−75.2dB 和 7.3GHz 宽带吸波性能。此外，气凝胶也表现出优于商业聚合物泡沫的隔热性能(接近空气)。在航空航天、装备隐身、电磁防护等方面具有潜在应用前景[217]。

西北工业大学吴宏景团队系统综述了电磁波吸收材料中介电损耗机制之间的成因、表征、误区以及存在的不足，并针对介电损耗研究中的难点和热点问题进行了详细的阐述。讨论了电磁波吸收材料介电损耗机制研究中的问题和挑战，特别是碳纳米管等碳基材料的新型介电损耗机制研究、新型介电损耗模型建立等，为介电损耗机制研究提供了新的理解并为新型吸波材料的设计提供了新思路[218]。

4.7　电磁材料技术

4.7.1　全球态势与国内现状

电磁材料是电磁科学与技术中所涉及材料的总称，是与电磁波相互作用的载体，伴随着时代和技术的发展，其内涵与外延也在不断扩展。一般而言，电磁材料的发展往往伴随着信息电子技术的重大突破和核心颠覆，是现今电磁学进步的主要驱动力之一。因此，世界各国都极为重视新型电磁材料的开发和应用，将之视为大国科技战略竞争的焦点和前沿，例如：美国国防部启动了先进材料研究专项计划；欧盟委员会在《为我们的未来做准备：发展欧洲关键使能技术总策略》中将先进材料等五大科技认定为关键使能技术；我国"十四五"规划纲要也明确提出要从国家急迫需要和长远需求出发，集中优势资源攻关关键元器件零部件和基础材料等领域的关键核心技术。相对国际先进水平而言，我国电磁材料研究起步晚、底子薄，尤其在大尺寸/高纯度单晶硅材料、光学基膜材料、中红外激光晶体等工业电磁材料正面临严重的"卡脖子"难题。所幸的是我国在许多新兴领域的发展速度十分迅猛，在电磁超材料、新型石墨烯材料、先进吸波材料等领域已迈入国际先进水平。

电磁材料门类众多，形态各异，不同种类的发展趋势也各有差异，有望成为电磁材料新的技术增长点的新兴分支，如二维材料等；有立足需求不断强化功能的应用分支，如铁电材料、柔性材料和吸波材料等；还有向着功能集成化和系统化不断革新的一体化材料分支，如超构材料、智能材料等。下面将聚焦这几类代表性电磁材料。

1. 二维材料(新型半导体)

二维材料是指内部自由电子仅可在二维空间内运动的新兴电磁材料，因具有超薄厚度、极高载流子迁移率和可控带隙等优异特性，被认为是下一代纳米微电子器件(后硅时代)的首选材料。因此，二维材料在科研方面发展极为迅猛，仅去年就有上万篇相关论文发表；但在产业方面，二维材料遇到技术兼容性等一系列困难，尚无法满足大规模制备要求。

我国的二维材料研究受限于起步晚、规模小、行业壁垒较高等因素，与发达国家存在较大差距。但近年来，我国开展二维材料集成电路研究的机构与高校不断增多，对二维材料的研究也在不断深入。随着政府和学界对二维材料领域的重视加深，我国在先进二维材料和半导体材料领域的加速度令人瞩目。

2. 铁电材料

铁电材料是具有铁电效应的电磁功能材料，可用于制作铁电存储器、热释电红外探测器、压控滤波器等新型元器件，在航空航天、通信、国防等领域具有广泛的应用前景。伴随着薄膜制备技术和微电子集成技术的长足发展，人工铁电材料种类日渐丰富，正向小型化、集成化方向发展，呈现出"由体材料向薄膜器件过渡"、"由分立器件向集成化器件发展"的主要趋势。

我国在铁电材料领域起步晚、整体技术水平与发达国家还存在差距；但在某些细分领域(如分子铁电晶体设计与制备研究、二维铁电光伏增强效应研究等)我国研究者取得了丰硕成果，实现了跨越式发展。

3. 吸波材料

电磁吸波材料是能够吸收入射电磁波并将之转化成热能或其他形式能量的电磁材料，主要用于改善电磁兼容与实现目标电磁隐身，受到世界各国的高度重视。尤其在飞行器隐身领域，采用吸波材料已成为行业共识，可有效降低飞行器的雷达散射截面积，提升战场生存能力。吸波材料的研究表现出明显的需求驱动特征，始终追求"更薄、更轻、更宽、更强"的应用目标。

我国高度重视电磁吸波材料的研究，已产出一系列极具国际竞争力和影响力的成果，部分电磁吸波材料性能已逐渐赶上甚至超越国际先进水平，已迈入世界相关研究的第一梯队。

4. 柔性材料

电子/电磁柔性材料是指在弯曲折叠等形变状态下可保持高可靠电子/电磁性能的材料，在医疗保健、可穿戴设备、显示设备和电磁隐形技术等领域具有广泛的应用前景。在产业方面，柔性材料被认为是虚拟现实、元宇宙等概念的使能性技术，受到了科学界和产业界的共同关注，始终处于爆发式增长的阶段。

在这方面，我国研究起步较晚、基础相对薄弱，特别在关键材料、关键量产装备方面严重依赖进口，核心技术及专利上落后于国际先进水平，整体受制于人。但可喜

的是，随着我国的大力投入，已逐渐涌现出一批该领域
的优秀科研团队，取得了一系列突出成果，表现出惊人
的加速度。

5. 超构材料

电磁超构材料(亦称电磁超材料)是一种通过人工微结
构阵列在亚波长尺度内精确调控电磁场的结构功能一体化
材料，可在宏观上展现出超越传统天然材料的奇异特性，
是近十年来由科学界兴起、被工程界广泛关注的电磁材料
分支。经过近 20 年的发展，电磁超材料的概念被不断拓
展，呈现功能定制化的趋势，如为了调控不同类型的电磁
波，已发展出超表面、人工表面等离激元超材料、拓扑超
材料等不同分支。现今超材料的理论日趋完善，正处于迈
向应用化的转折时期，总体表现出向功能集成化、系统化
演进的趋势。

我国在电磁超材料领域的研究虽然起步略晚，但得益
于国家在这方面的大量投入以及相关科研工作者的不懈努
力，已基本实现了与国际前沿并驾齐驱，诞生了若干个完
全由我国科学家提出并主导的分支，如信息超材料、全介
质超材料和超复合材料等。

6. 智能材料

电磁智能材料是一种能感知外部电磁波刺激，并自行
判断、调整对应响应的新型电磁功能材料，是材料科学与
电子信息科学交叉融合的最新成果之一，一定程度上模糊
了传统意义上材料与系统的边界线，促生了自适应隐身、
智能抗干扰等全新应用形式，有望对现有技术产生颠覆性

影响。现今电磁智能材料尚处于起步阶段，正处于概念构建、原型探索时期，诸如智能超材料、可重构半导体材料等新兴概念如雨后春笋般不断涌现。

智能电磁材料领域的研究以美国、英国、日本为代表的发达国家开展最早，追溯到20世纪八九十年代，便率先开展对智能传感器、传感材料的研究，具备一定先发优势；而我国在电磁智能材料领域的研究相对起步较晚，整体处于"跟跑"阶段。但在智能超材料等若干新兴子方向上，我国已率先取得了突破性进展，实现"领跑"国际前沿。

4.7.2　2021～2022年重要进展或突破

1. 二维材料(新型半导体)

新型二维半导体电致发光器件：

清华大学宁存政教授团队突破传统半导体电致发光器件的研究范式，提出了一种新型二维半导体电致发光器件。该器件充分利用二维半导体材料激子结合能带的特点，通过交变电场加速载流子，进而碰撞产生激子并辐射发光，既不需要外部的载流子注入，也不需要对单层二维半导体材料进行额外的掺杂或调控。更重要的是该器件还可以利用一对叉指电极同时激励多片不连续的二维半导体材料同时发光，为二维半导体材料的发光应用开辟了一条新的道路[219]。

基于电子隧穿的二维铁磁体磁化强度的精确测量：

西安交通大学王喆教授团队与日内瓦大学 Alberto Morpurgo 教授团队合作，发现二维铁磁半导体中隧穿电导由磁化强度决定的物理效应，这表明可通过电子隧穿的方式来精确测量二维铁磁体的磁化强度。该研究团队制备了"石墨烯/三溴化铬/石墨烯"隧道结，并系统测量了隧道结在不同温度及磁场下的电导。研究发现，无论是居里温度以上由外加磁场引起的磁电导，还是居里温度以下由自发磁矩引起的磁电导，都跟材料的磁化强度有着唯一的依赖关系[220]。

零肖特基势垒高度的二维半导体材料：

麻省理工学院 Shen 教授团队在 2021 年实现了具有零肖特基势垒高度特征的半金属与二维半导体材料，并证明了其具有极低的欧姆接触电阻。经实验测得，该新型二维半导体材料具有 123 欧姆微米的接触电阻和 1135 微安每微米的通电电流密度，上述两项指标均为有记录以来的最优性能，该工作有望为未来新型半导体器件的性能提升和尺寸缩减提供全新技术驱动力[221]。

2. 铁电材料

铁电聚合物中发现涡旋极性拓扑新物态：

清华大学材料学院南策文院士和沈洋教授团队在铁电材料的涡旋拓扑结构领域取得重大进展，首次在铁电聚合物中发现涡旋极性拓扑新物态，并演示了涡旋极性拓扑导致的空间周期性太赫兹吸收现象[222]。该研究工作丰富并深化了极性拓扑物态的内涵和外延，为柔性铁电材料中的拓扑物态调控开辟了新途径，也为柔性电子器件中的多场激励转换提供了新的设计思路。

铁电超晶格结构中极涡旋特有的超快集体极化动力学

效应：

美国阿贡国家实验室 Haidan Wen 教授团队通过使用太赫兹场激发和飞秒 X 射线衍射测量，首次观察到铁电超晶格结构中极涡旋特有的超快集体极化动力学现象，与现有结果相比，本次观测的磁涡旋现象具有更高的数量级频率(0.3～0.4THz)和更小的横向尺寸(6nm)[223]，该成果不仅为研究电控超快过程提供了一个有力工具，未来还有望应用于快速通用的数据处理和存储领域。

3. 吸波材料

突破吸收带宽/超轻质性能瓶颈的新型电磁吸波材料：

国内张德庆教授团队制备了基于 VB 基团的层压 NbS2 纳米基片电磁吸波材料，其最小反射损耗可达−43.85dB，有效吸收带宽为 6.48GHz(11.52～18.00GHz)，该研究成果突破了单组分电介质有效吸收带宽的瓶颈，为开发宽频带电磁吸波材料提供了新途径[224]。解培涛教授团队制备了 Co/C 纳米复合材料，在 Co/C 含量极低(10%和15%)的情况下获得了优异的吸收性能，该成果成为超轻质电磁吸波体领域的重要突破[225]。

多功能(高隔热、抗腐蚀、抗压缩等)电磁吸波材料：

北卡罗来纳州立大学Chengying Xu教授团队研制出一种耐高温陶瓷基吸波复合材料，该材料在整个 Ka 波段(26.5～40GHz)具有良好吸波性能，总电磁屏蔽效率为 26.67dB；该材料在 1000℃条件下的总电磁屏蔽效率为 72dB(即屏蔽率超过 99.9999999%)，在−100～1800℃的超宽温域下仍能保持良好吸波性能，而且该材料还具备防水、耐腐蚀的特点；目前该材料已完成实验室性能评估阶段，未来有望扩大生产规模、应用于下一代隐形飞机的设计制造之中[226]。

介质损耗机理的深入研究为未来电磁吸波材料设计提供新思路：

西北工业大学吴宏景教授团队摒弃现阶段大量工作中普遍存在的结果导向研究模式(首先制备获得性能良好的电磁吸波材料，然后定性反推电磁波耗散原因)，开展电磁波介质损耗机理和模型的研究，从物理机理角度揭示了电磁吸波材料的电磁波衰减特性，总结介质损耗机制调控策略，为实现简单有效的电磁波衰减行为调控提供了指导与启发[227]。

4. 柔性材料

断裂伸长率高达 300 倍的自修复柔性电子材料：

丹麦科技大学 Alireza Dolatshahi-Pirouz 教授团队提出了一种基于埃洛石纳米管(HNT)和聚多巴胺(PDA)的新型柔性电子材料制备方法，通过纳米管排列等手段使得所制备的柔性复合材料电导率增加了 3 倍、机械强度增加了 20 倍[228]。同时，该复合材料可伸长至其原始长度的 300 倍，在 6 倍应变条件下仍保持其导电性能，且在几秒钟内可自我修复，并显示出应变敏感性。该柔性电子材料支持 3D 打印功能，在定制可穿戴电子设备领域具有很大的应用前景。

柔性二极管将促进可穿戴电磁设备的智能化发展：

美国斯坦福大学鲍哲南院士团队设计开发了一种可高频工作的可拉伸聚合物二极管，能够在 50%应变下对高频信号进行整流，并具有良好的机械耐久性和优异的电气性能[229]。该成果将极大地推动柔性材料在电磁领域的应用，促进可穿戴电磁设备的智能化发展。

纤维膜的发展推动了电子皮肤贴片和柔性传感器的发展：

国内李召岭和丁彬教授团队通过在电极之间放置石墨烯和碳纳米管复合纳米纤维网络实现了一种弯曲不敏感的压阻式压力传感器[230]，与传统传感器中使用的连续材料不同，纤维膜在变形过程中具有很高的自由度。该成果与传统结构相比，其弯曲引起的应变减少了约70%；并凭借其纤维型材料的应力解析结构，使得在各种弯曲情况下，材料传感性能可以始终保持稳定。该新型柔性材料具有自供电、自修复、透气性、拉伸性和热变色等功能，在智能可穿戴传感系统中具有很高的应用价值。

5. 超构材料

基于时域数字编码超表面的宽带精确电磁谐波幅相调控和256QAM毫米波无线通信系统构建：

东南大学崔铁军院士团队提出了一种全新的时域数字编码超表面通信编码方法，能够在超宽的频带范围内实现对电磁谐波幅度和相位的精确调控，并在此基础上进一步构建了256QAM调制的高阶毫米波无线通信系统[231]。该系统相较于传统的毫米波无线通信系统架构更为简单，可极大地降低硬件成本，为未来新体制高性能无线通信提供了全新的技术方案。

基于电磁超材料的涡旋电磁波复用调控与系统实现：

　　北京大学李廉林教授团队与东南大学崔铁军院士协作研制了一种基于数字超表面的高阶 OAM 波束高效生成方案，并实验展现了其在未来直接调制式无线通信系统中的应用潜力[232]；香港城市大学陈志豪教授团队通过毫米波段全息超表面透镜实现了多个 OAM 模态的复用设计[233]；西安电子科技大学李龙教授团队则通过反射型电磁超表面设计作为涡旋电磁波收发装置，在微波段实现了多个 OAM 模态涡旋电磁波复用与解复用传输，并完成了有关原型样机与试验验证[234]，上述工作对指导涡旋电磁波复用均具有重要意义，为革新无线通信系统架构提供了全新技术方案。

　　时空量子超表面：

　　在量子光学中，时空调控手段的缺乏严重限制了量子超表面的功能发挥。为了弥补上述不足，美国洛斯阿拉莫斯国家实验室提出了时空量子超表面的概念，并将其应用于量子光的时空调控之中，使操纵量子光与动态超表面相互作用成为可能[235]。

6. 智能材料

　　用于宽带光电边缘计算的可编程黑磷图像传感器：

　　华盛顿大学 Seokhyeong Lee 教授团队实现了一种基于黑磷(bP)可编程光电晶体管阵列的多功能红外图像传感器[236]，该传感器阵列可以接收宽频带范围的光学图像信号并进行推理计算，以高达 92%的精度处理和识别图像。相比传统技术，该图像传感器阵列可以构建更复杂的视觉传感神经网络，在分布式和远程多光谱遥感中具有很大的应用前景。

超材料增强的无源微传感器标签：

在射频识别技术中应用具有电磁波操纵能力的电磁智能材料可提高功率传输效率，凭借这一灵感，波士顿大学 Xin Zhang 教授团队实现了一种基于磁性智能材料的局部场增强技术方案[237]，该方案可以显著增强近场磁场强度，提高读取器和标签天线之间的功率传输效率，并提供更大的通信覆盖区域，为迅速兴起的物联网、无线充电和近场通信技术提供了全新技术方案。

基于数字编码超表面阵列的可编程衍射深度神经网络：

东南大学崔铁军院士团队首次构建了一种基于多层数字编码超表面阵列的可编程衍射深度神经网络实体[238]，被认为是电磁超材料技术与人工智能技术相融合的重要突破之一。该工作通过将超表面单元与两个放大器芯片有机融合，使系统具备处理各种深度学习任务(如图像分类、移动通信编码解码和实时多波束聚焦等)的能力，为多任务适用的衍射深度神经网络提供了可行技术方案。

总而言之，电磁材料领域的整体科研格局表现出创新步伐持续加快、多学科(信息科学、人工智能、仿生科学等)协同日益紧密的特征。我国在该领域的总体研究水平处于"跟跑"国际前沿的阶段，但近年来，我国在领域内的研究地位、话语权迅速提升，表现出明显的赶超态势。而在产业方面，尤其是若干基础电磁材料，我国依赖进口的现状尚未根本性转变，依旧面临着巨大的"卡脖子"风险。这需要研究者进一步转变科研范式(从"创新驱动模式"向"需求驱动模式"转变)，发挥体制优势、调动社会力量，共同攻坚克难，为我国信息产业安全、独立自主提供坚实保障。

4.8 电磁生物效应与电磁防护仿生

4.8.1 全球态势和国内现状

电磁能量的广泛应用，使我们所处的电磁环境愈发的复杂。尽管这类电磁场能量不足以直接电离化学键从而对生物体产生损伤，但因热/非热等众多机理，其生物效应一直以来是电磁环境效应研究的一项重要内容。近年来，电磁场生物效应研究在动物体机能、细胞和分子行为等多层面不断取得新进展，提高了人们对环境中电磁场对人类健康的可能影响及机理的认知。同时，太赫兹在通信、生物医药等领域应用的逐步兴起，使其生物效应的研究正成为前沿研究中的一个热点，也促进了太赫兹生物医学应用新技术的诞生。与此同时，生物抗扰机制启发的电磁防护仿生研究随着电磁生物效应机制的揭示而不断取得新的突破。探索生物体在噪声和干扰环境下发射和接收电磁信号的能力，以及形成这种能力的微观结构和机制，成为电磁防护仿生研究的一大亮点。一旦生物体中微弱电磁信号传递和通信的机制被揭示，将在无线通信中具有巨大的应用潜力。

1. 环境电磁辐射水平呈增长趋势，相关标准基于热效应制定

电磁波在通信、医学等领域的广泛应用，使环境背景电磁辐射的水平急剧上升。据报道，近几年环境电磁辐射

强度相较于 80 年代增加了 70 倍[239]。2018 年瑞士巴塞尔大学 Sagar 团队测量并报道了多种室外环境的电磁辐射水平[240]，诸如瑞士某非中心居住区为 0.23V/m、澳大利亚某大学区为 1.85V/m，及瑞士某公交领域为 0.32V/m。2020 年法国凡尔纳大学 Blanchard 团队重点关注了医院的电磁辐射水平[241]，测量结果显示新生儿重症病房的辐射强度最大值为 6.0V/m，新生儿重症监护室则为 3.7V/m。

目前世界上主要存在两套环境电磁辐射暴露安全标准，分别由美国电气和电子工程师协会 IEEE 和欧洲国际非电离辐射防护委员会 ICNIRP 制定[242,243]。最新版本分别为 ICNIRP 于 2020 年完成修订并实施的《国际非电离辐射防护委员会限制电磁场暴露导则(100KHz～300GHz)》和 IEEE 于 2019 年发布的《IEEE 人体暴露于电场、磁场和电磁场的安全水平标准(DC～300GHz)》。我国的电磁辐射控制限值参考了上述两种标准并结合我国具体条件制定，最近一次修订并发布的是 2014 年版的《电磁辐射控制限值》[244]。相比之下，我国的电磁辐射安全标准更为严苛。例如，频率为 400MHz 时，公众全身暴露 30 分钟的参考值是：IEEE 电磁辐射标准为入射电场强度 27.5V/m，ICNIRP 电磁辐射标准为入射电场强度 27.7V/m，我国的电磁辐射标准为入射电场强度 12V/m。然而，目前的电磁暴露标准仅基于电磁波热效应的影响评估而制定，并未将非热效应纳入考量。

2. 微波生物效应的研究受到持续关注，呈多层次特点

国内外学者针对电磁场的生物效应开展了大量的研究

工作，从动物体行为、细胞行为、分子行为等多层次的角度出发，阐明电磁场的热效应、非热效应及其微观机理。电磁场对动物体机能的影响研究目前以微波和射频为主。1978 年，Flöhlich 提出了电磁场对生物体产生热作用外，还存在其他方式改变生理生化过程[245]。瑞典斯德哥尔摩大学 Belyaev 团队总结了微波非热效应与各种物理和生物参数的复杂依赖关系[246]，包括微波频率及强度、调制方式、极化方式、辐射的间断性和相干性、人类及动物性别等。美国华盛顿州立大学 Martin 团队梳理了微波电磁辐射对人体神经系统的影响[247]，及 Wi-Fi 电磁辐射对精子/睾丸损伤、神经损伤、细胞凋亡、内分泌紊乱等人体生理生化反应的影响[248]。英国诺丁汉大学 Challis 等人总结了射频电磁场与生物组织的相互作用机制[249]。近年来，相关领域持续获得国内外的大量关注。施一公院士团队通过观测小鼠快速眼动和非快速眼动的方法研究了 2.4GHz 电磁辐射对小鼠睡眠结构的影响[250]。日本京都大学 Yanagawa 团队研究了 2.45GHz 微波对黑腹果蝇体内顺磁性物质和自由基的影响[251]。法国雷恩大学 Yves 团队采用全基因表达方法研究了 60GHz 电磁辐射对人角质细胞原代培养的影响[252]。美国普林斯顿大学 Shneider 团队研究了微波辐射对髓鞘神经纤维的影响[253]。诸多研究结果表明，微波/射频对生物体机能具有显著的影响，需要进一步深入研究环境暴露水平下的长期作用效应。

微波对分子行为的影响研究，对揭示微波生物效应非热效应的微观机理具有重要意义。美国科罗拉多大学 Phillips 总结了电磁场对 DNA 和染色体结构影响相关的代表性工作[254]。微波对蛋白质大分子的影响研究围绕酶变性的分子动力学机理[255]、蛋白折叠[256]和空间构象变换[257]展开。江南大学范大明教授团队通过分子动力学模拟的方法研究了微波场对葡萄糖的分子构象和分子内氢键的影响，指出了微波用于食品加热过程中可能存在的潜在风险[258]。四川大学黄卡玛教授团队致力于微波非热效应的微观分子机理研究，揭示了混合溶剂体系介电特异性的微观机制，提出微波的后极化效应和超极化效应是微波对化学反应动力学的促进作用的重要非热机制[259-261]。

3. 太赫兹波的生物医学应用及其生理效应成为前沿研究的一个新热点

太赫兹波在通信、安检、成像、生物医药等领域存在巨大的应用潜力。香港中文大学电子工程系的 Pickwell-MacPherson 团队总结了太赫兹生物医学成像技术的发展和应用上的一些重要研究工作[262]。上海理工大学的邵咏妮教授团队从检测氨基酸、多肽、DNA、蛋白质、癌症等五个方面梳理了太赫兹成像技术的应用[263]。俄罗斯科学院的 Zaytsev 团队梳理了太赫兹在诊断恶性和良性肿瘤方面的代表性研究成果，讨论了限制太赫兹技术临床应用的工程问题[264]。北京市放射医学研究所的赵丽教授团队梳理了应用太赫兹光谱分析生物大分子结构特征的研究进展[265]。由此，太赫兹波的生物安全性也备受关注。西安交通大学许德晖教授团队梳理了太赫兹辐射的生物学效应及其作用机制，指出太赫兹辐射可能干扰蛋白质与蛋白质之间的相互作用、细胞成分的稳态、基因表达的稳定性[266]。近年来，太赫兹辐射对 DNA 大分子自组装行为、细胞膜离子传输通道性能的影响机制引起越来越多的关注[267-271]，为从分子层面解释太赫兹的生物效应奠定理论基础。此外，太赫兹辐射对生物组织的热效应存在剂量依赖性，尚需围绕不同太赫兹频段下不同生物组织的热响应阈值展开大量研究，为制定太赫兹辐射的安全标准提供有益的参考。

4. 生物处理电磁信号的机制促进了电磁防护仿生研究

生物体内外同时面临着复杂的电磁环境，探索生物在嘈杂的环境下处理电磁信号的机制对电磁防护仿生研究具有重要意义[272]。美国国防高级研究计划局(Defense Advanced Research Projects Agency, DARPA)国防技术办公室发布的 "无线电生物(RadioBio)" 项目[273]资助的相关研究团队，分别围绕微管[274]、细菌[275]以及植物细胞[276]开展研究，主要关注生物细胞内或细胞之间射频到微波频段内的电磁通信现象，试图建立生物天线模型，揭示生物细胞依靠电磁波通信的证据。其中，加州大学圣地亚哥分校海洋生物学家 Dimitri Deheyn 及电磁学领域专家 Daniel Sievenpiper 建立的交叉学科团队[274]，将处于高频机械振动中的微管视为产生交变电场的谐振器；密歇根大学应用电磁学领域 Kamal Sarabandi 教授团队[275]假设细菌生物膜内的细胞自带 "天线"，从而允许它们向相邻细胞和周围环境发送和接收信号。并建立了细菌细胞天线的模型，通过计算 2000 个生物天线相互作用的所有共振频率，发现细菌细胞可以在 kHz 至 MHz 范围内实现电磁信号传递，表明了生物细胞间存在基于电磁波通信的行为。兰州理工大学在研究神经元信息传递时考虑电磁感应的影响，仿真结果表明通过磁通量建立的场耦合可以促进神经元活动的同步行为，说明一定的电磁感应将有益于神经元之间的信息交换。这些生物处理电磁信号的机制为开展电磁防护仿生研究，进一步模拟生物细胞天线以实现具有抗扰能力的电磁波通信提供生物理论基础。

4.8.2　2021～2022 年重要进展或突破

1. 微波对生物体机能的影响取得重要进展

施一公院士团队通过在小鼠颈部肌肉组织和小鼠大脑的三个区域植入电极的方法，观测小鼠觉醒、快速眼动睡眠和非快速眼动睡眠的时间，发现脉冲功率幅值 64W、占空比 1/8 的 2.4GHz 脉冲波辐射 9 天后，小鼠觉醒时间增长了 16.2%，快速眼动睡眠时间减少了 9.2%，非快速眼动睡眠时间减少了 8.2%；其影响明显高于相同频率和占空比功率幅值为 8 W 的脉冲波，也高于 8 W 的连续波；揭示了脉冲微波暴露是影响睡眠结构的一个重要潜在因素[250]。印度德里大学 Ranjeet 团队通过测定威斯塔鼠海马体中 DNA 甲基化酶、DNA 甲基转移酶 1 和染色质组蛋白甲基转移酶 1 的含量变化，发现 2.45GHz 微波辐照 2 小时/日、微波能量吸收率为 6.4×10^{-4}W/Kg，6 个月后，三种酶分别增多了 10.38%、30% 和 232%；随着微波频率和辐射时间的增加，三种酶均呈现非线性递增的趋势；揭示了手机辐射对基因表达具有巨大的潜在影响[278]。

2. 微波对小分子行为的影响研究进展，为其非热效应的物理机制提供了新思路

四川大学黄卡玛教授团队采用分子动力学模拟方法计算了甘油与水混合体系中甘油分子团簇的结构，发现微波场的作用能使甘油-甘油分子间氢键的寿命延长 9.8%，平均氢键数目增加 5.5%，引起甘油分子团簇大小的分布发生变化；并利用微波场对甘油分子自组装行为的影响，指导了纳米材料形貌的调控合成[259,279]。此外，他们通过分子动力学模拟方法计算，阐明了 10V/m 的弱微波场极化作用对水分子的空间碰撞概率和碰撞能量分布的影响，发现沿电场方向的碰撞概率增加了 5%,同时碰撞能量较高的分子占比减少了 6%，提出了微波的后极化效应[260]；并进一步计算了微波后极化效应对氯化苄与哌啶反应位点碰撞的空间取向和碰撞动能的影响，发现微波后极化效应使反应速率提高了 34.4～50.3 倍[261]。澳大利亚皇家墨尔本理工学院 Yarovsky 团队采用分子动力学模拟方法计算了微波场下结构、侧链取向、聚集和偶极矩取向等多肽性质[257]。结果显示，电磁场可以调节多肽的空间结构，如 2.5GHz 微波可以诱导多肽转变为有利于形成纤维的空间结构。该研究为微波非热效应的分子机制提供了新的思路。

3. DNA 折纸技术助力电磁场对 DNA 的影响及机理研究

DNA 折纸技术通过调控 DNA 序列获得具有特殊自组装纳米结构的 DNA,促进了电磁场-DNA 相互作用的研究。魁北克大学国立科学研究院的 Gauthie 团队通过设计可以互组装成不同纳米结构的 3 条 DNA 单链，利用凝胶电泳

的方法，阐明微波和太赫兹波在常温下对 DNA 组装和解旋具有选择性促发作用[280]。微波辐射在常温下促进了 3 条 DNA 单链的组装和纳米结构的形成；而平均功率 1mW、能量为 0.4μJ/脉冲的太赫兹脉冲辐射，则有着相反的作用，促进了 3 条单链 DNA 互组装所得结构的解旋。该发现为 DNA 及其杂化物功能纳米材料的合成提供了新思路。国防科技创新研究院的常超教授团队采用 DNA 折纸技术和原子力显微镜更为直接地观测到了太赫兹辐射对 DNA 双链结构和自组装行为的影响；在 35.2THz、360mW 的太赫兹辐射下，DNA 双链在低于其熔点 10℃ 的温度条件下即开始发生解旋，比常规加热同等温度作用下的解旋率高 4 倍；该研究通过理论计算揭示了太赫兹波与吡啶碱基振动共振的微观作用机制[281]。这一发现为太赫兹对生物大分子的远程操控、快速核酸检测、生物医学和治疗应用奠定了重要的基础。

4. 太赫兹波对细胞膜通透性的影响机理得到进一步解析

电磁场对细胞膜对分子/离子的通透性影响研究具有重要意义。近两年，太赫兹波的相关研究取得重要进展。电子科技大学宫玉彬教授团队采用布朗动力学模拟计算的方法，发现钙离子在细胞膜钙离子通道中传输时会产生太赫兹波段的电磁辐射，发射频谱受钙离子浓度和环境温度的影响；同时，外部的太赫兹辐射可以加速钙离子在其通道中的传输，与太赫兹波频率和幅值呈正相关[270]。上海交通大学樊春海院士团队采用分子动力学模拟的方法阐明太赫兹波与羧基和羰基的伸缩振动模式具有强共振特性，能使钙离子的自由能负增长 5 倍，大大促进钙离子在细胞膜上的传输效率[282]。这一发现为太赫兹波在钙过载诱导肿瘤细胞凋亡、治疗钙离子通道功能退化导致的缺钙等医学应用提供了重要参考。西安交通大学卢晓云教授团队采用荧光染料、共聚焦显微镜和蛋白质印迹法，发现 33 mW/cm^2 的 0.1THz 电磁场辐射对小鼠海马神经元细胞膜没有明显的提温作用，但对其内吞作用促进了 50%、被动传输过程促进了 32%，阐明了非热太赫兹电磁场对细胞膜通透性的显著影响。上海理工大学宋波教授团队通过分子动力学模拟计算的方法发现太赫兹电磁场能与限域水分子振动之间形成强烈的共振，使之呈超渗透状态[283]。1.39THz 电磁场照射可使一维限域水的渗透性增强 7 倍；31.5±1.0THz 电磁场照射，可以使二维单原子层限域水的渗透性增强 37 倍。该研究为细胞膜间限域水的渗透性调控和海水淡化提供了新思路[284]。

5. 基于神经信息编码抗扰机制的电磁防护仿生研究取得突破

日益复杂的电磁环境威胁着人工智能系统的可靠性和安全性。陆军工程大学刘尚合院士团队开辟了电磁防护仿生研究的又一新方向，旨在模拟生物神经系统处理信息的抗扰机制来实现人工智能系统的电磁防护仿生设计，仿真研究表明了生物神经系统是在序空间进行编码的，这种序空间编码机制使得其能有效抵御一定强度的电磁干扰及电磁损伤[285]，并且相关论文获得第六届 IEEE 全球电磁兼容国际会议的优秀论文。此外，在"十三五"装备预研项目重点基金的支持下，刘尚合院士团队还设计了同样具有序空间编码机制的神经形态电路，并在典型的电磁环境下验证了其抵御电磁干扰及损伤的能力。

4.9　电磁场量子传感与探测

4.9.1　全球态势和国内现状

电磁场精确感知是研究电磁环境效应的重要技术基础，通信导航、雷达探测更是直接依赖于电磁场的精准感知和控制利用。现有电磁场感知主要基于三种基本原理：热电偶效应、加载偶极天线和电光效应。受测量原理或传感器结构的限制，这些方法都至少存在两大技术瓶颈：①无法实现高灵敏度、高分辨率和高准确度电磁场感知；②传感器的使用都需要事先校准赋值，溯源链复杂直接导致测量不确定度大。此外，传感器尺寸和工作频率直接相关导致无法实现空间高分辨率的测量，尤其无法在微小空间实现测量；传感器金属部分对待测场扰动性大，进一步增加了准确测量电磁场的难度。总之，现有的测量手段无法满足复杂电磁环境下电磁态势的准确、稳定、可信和快速感知，也在一定程度上限制了复杂电磁环境监测、电磁兼容和电磁干扰测量、隐身与反隐身等重要技术的发展。

随着量子技术的发展，基于原子分子体系以及类原子分子体系的各种量子效应广泛应用于时间频率、长度、电流电压、磁场等参数的精密测量，极大提高了这些物理量的测量灵敏度和准确度。在此背景下，以原子分子、光子为主线，探索基于量子理论的电磁场传感/探测新原理和新技术，研制量子传感关键器件及系统，构建高稳定度精密测量新体系，是电磁场与电磁效应领域的前沿发展方向。近年来涌现出诸如利用高激发态里德堡(Rydberg)原子量子相干效应[286]、基态原子 Rabi 振荡[287]和 Rabi 共振效应[288]、金刚石 NV 色心[289]等实现电磁场测量的新方法。其中，里德堡原子是指外层一个电子被激发到高量子态的原子，具有极化率高、对外界电场敏感、能级间隔小且落在微波频段等特点[290]。利用激光激发制备特定里德堡态的原子，由基态、激发态和里德堡态构成阶梯型三能级系统，实现里德堡原子的电磁感应透明，微波电场与里德堡态的强耦合导致探测激光透射/吸收 EIT 光谱进一步产生 Autler-Townes 劈裂，通过测量光谱特性可准确反演电场参数信息。

　　与现行的基于天线或电场探头的经典空间电场感知技术相比，其颠覆性意义主要体现在如下五个方面：一是量子效应将电磁场测量转化为激光光谱(频率量)测量，是真正意义上电磁场探测感知原理突破；二是量子传感器可以实现电场强度的自校准测量，即基于电场强度和基本物理常数(普朗克常数)的直接量化关联关系，利用固有能级特性进行频率标定，非常适用于原位在线测量；三是量子传感器几何尺寸不再受制于工作频率，利用原子丰富的精细和超精细能级结构，单一原子介质即可实现从射频到毫米波甚至太赫兹的超宽带电场测量；四是测量空间分辨率不再受制于传感器几何尺度限制，直接取决于受激发原子团的几何尺度，可实现从亚波长到微纳尺度的高分辨率空间电场成像，极大提升了微纳尺度电磁特性的认知能力；五是电磁场量子传感仅仅依赖于受激发的原子介质(无源)和激发光源，并且特定量子态只能响应特定频率成分，因此具有先天的带外抑制和抗电磁干扰的特性，在雷达隐身和反隐身方面具有特殊应用价值。

美国国防高级研究计划局(Defense Advanced Research Projects Agency, DARPA)早在 2013 年"量子辅助感知和读出"(QuASAR)项目中进行了从基础原子物理到实用化测量手段的探索性研究；2020 年在项目"用于新技术的原子蒸气科学"(SAVaNT)中应用里德堡电测量，矢量磁测量，蒸气量子电动力学三个技术领域提升原子蒸气在电场感测和成像、磁场感测和量子信息科方面的性能；2021 年开启项目"量子孔径"(Quantum Aperture)，计划将里德堡传感器作为射频接收机、频谱分析仪的一部分，开发高灵敏度、宽工作频带的射频接收系统。美国国家科学技术委员会(NSTC)2022 年开启"量子传感器付诸实践"战略计划，计划使用里德堡原子态作为换能器或原子天线实现直流到太赫兹的宽频率范围内电磁场测量，将其应用于遥感于电测领域，实现蜂窝塔之间的距离扩大以及具有宽动态范围的信号采集。国内方面，国家重点研发计划、国家自然科学基金重大仪器专项等重大项目先后设立多个项目支持这一研究方向的基础研究和技术应用。

4.9.2　2021～2022 年重要进展或突破

1. 相位和频谱测量获得重大原理突破，电磁场全分量感知成为可能

基于里德堡原子的微波电场测量方法早在 2012 年被首次提出。随后极化量子测量技术突破，其基本原理和技

术应用逐渐成熟。国内外多个研究小组均实现了这一技术突破，可以利用单个里德堡传感器对 MHz 到 THz 电场强度进行测量，并持续在测量灵敏度方面进行提升[291]。2013年，美国密歇根大学 Sedlacek. J. A 等人，通过测量与基态跃迁共振的探测激光的透射强度，并将测得值与理论计算值进行比较，实现了分辨率为 0.5°的任意微波极化方向的测量[292]。

　　为进一步扩大这种量子传感器在电磁环境效应领域的应用前景，需要实现包括频率、相位、极化在内的全分量参数获取，这是推进电磁场量子精密测量推进实用化进程中的重要一步，近两年，基于原子超外差检测技术(又称原子混频技术)，使得相位测量和频谱测量成为可能。

　　相位测量：将基于里德堡原子微波电场测量与超外差检测结合，可以实现基于原子的微波相位测量。里德堡原子在基于原子的微波相位测量中发挥混频介质的作用。当与里德堡跃迁共振的本振微波场和待测微波场同时作用在里德堡原子上时，本振微波场与待测微波场发生外差干涉，产生拍波信号，该拍波信号通过改变微波缀饰的里德堡态的能级位置将两微波场的相位差和频率差调制探测激光透射光强上。2019 年，美国国家标准与技术研究院验证了基于里德堡原子的微波相位测量的可行性[293]，实验实现的相位测量标准差为 2°。基于里德堡原子的微波相位测量的实现，拓宽了里德堡原子在通信、雷达等领域的应用范围。2022 年，美国密歇根大学通过对耦合激光进行调制，原子内部希尔伯特空间构建干涉测量环，实现了无需本振信号做参考的微波相位测量，测量灵敏度达到了 2mrad[294]。

频谱测量：利用基于原子的超外差可以实现微波频率测量。当本振微波场与待测微波场同时作用在里德堡原子上，探测激光透射光强度会携带待测信号频率信息。扫描本振微波场频率，并对过原子气室的探测激光透射光进行零拍检测可以实现基于原子的频谱分析仪。2021 年，美国陆军研究院利用共振和非共振情况下的交流斯塔克效应，实现了 0~20GHz 范围内连续的频率检测[295]。

2. 基于电磁场量子测量标准参考仪器的原位自校准测量，将加快推进电磁场量子测量实用化进程

标准参考仪器(Reference Standard Instruments)是美国国家标准技术研究院(NIST)近年来提出的研究计划，旨在研制芯片尺度量子计量核心器件，研究先进集成技术和应用技术，发展直接溯源至基本物理常数的参考标准仪器。基于里德堡原子的电磁场量子测量可将电磁场直接溯源至普朗克常数，电磁场量子测量标准参考仪器是近年来的研究热点之一。

在微波场强标准方面：以电磁感应透明效应和 AT 分裂作用原理为基础，零差检测技术、超外差检测等多种信号检测方法被应用到微波场强计量领域。对于频率高于 1GHz 的微波场，美国俄克拉荷马大学的 Shaffffer 小组[296]基于 EIT-AT 效应，利用马赫-曾德尔干涉仪和零差检测技术，测量的最小场达到 1μV/cm，提出光子散粒噪声是限制测量灵敏度进一步提高的主要原因。基于原子超外差检测的电场强度测量不受限于探测透射峰线性，可以实现更高灵敏度的微波电场测量。山西大学采用量子超外差技术将

微波电场测量的灵敏度提高至 $55nVcm^{-1}\,Hz^{-1/2}$[297]。当待测场频率低于 1GHz 时，与之共振的里德堡能级间隔非常小，已经无法使用 AT 分裂的方法测微波电场，而要采用射频调制里德堡能级的方法进行测量。英国杜伦大学的 Adams 小组[298]和美国密歇根大学的 Raithel 小组[299]分别实现了对长波长射频的弱场和强场区域的精密测量；之后，山西大学的赵建明小组[300]以里德堡能级之间的交叉和免交叉频点作为校准点，将长波长射频测量的不确定度减小到 1% 以下。

在直流/低频电压标准方面，与精确的约瑟夫森电压标准相比，里德堡原子电压标准可以成为一种替代校准方法，其具有更小的尺寸、重量、功耗和更低的成本，且可以溯源至基本的物理常数。美国国家标准与技术研究院(NIST)利用 EIT 的 Stark 频移进行直流和 60Hz 交流电压的测量，电压的测量范围 0～12V。直流电压不确定度约为 0.01V/V。交流测量不确定度为 0.003V/V，通过调整二次拟合和优化平行板可以实现灵敏度优于 $10^{-5}\,V/V\sqrt{Hz}$ [301]。该技术可以直接应用于直流和交流电压的测量和电压仪器的校准，有望成为一种直接向用户终端传输电压标准的互补方法。

在微波功率标准方面，目前对微波功率的计量都是在波导中进行的，利用波导中电场和功率的解析量化关系，可以将对电场的测量转化为对功率的测量，NIST 在 19.629GHz 和 26.526GHz 两个频点处实现了对电场功率的测量[302]。随后，中国计量科学研究院宋振飞小组在考虑了原子气室结构对功率计量的影响后，采用新型结构的气室测量微波功率，在 10.22GHz 频率处与传统功率测量对比，

–40dBm 至–20dBm 的功率范围内两者平均偏差为 0.08dB (1.86%)[303]。微波量子计量技术的迅猛发展，为新一代微波计量标准仪器的研发提供了基础。

3. 基于里德堡原子的无线通信技术，进一步拓展了量子测量技术电磁应用领域

随着里德原子微波量子精密测量研究的不断深入，以里德堡原子探头为新型的微波接收天线，结合传统的调制解调技术，实现了编码在微波中基带信号的实时高效读出。2018 年，美国奥塔哥大学的 A. B. Deb 等人首次报道了利用里德堡原子的 EIT 效应演示了射频信号的光载无线通信 (RoF)，他们利用里德堡原子天线将空间微波直接编码到光载波上，然后对幅度调制后的光载波信号进行频谱分析，得到 RoF 系统的最大带宽约为 1.1MHz[304]。在数字通信方面，最近美国陆军研究实验室 Meyer 等人利用幅度调制演示了基于原子天线的微波通信，首先将传输的数字基带信号经过幅度调制加载微波上，利用里德堡原子接收端的正交解调实现了移相键控通信方案，在 17GHz 的载波信号上，以 40kHz 的调制频率获得了 8.2Mbit s^{-1} 的信道容量，此项工作顺利入选了 2018 年美国陆军的十大科技进展[305]。随后人们基于里德堡原子相继发展了调频、调相等多种通信方式，美国密西根大学的 G. Raithel 小组演示了里德堡原子还原了调幅或调频加载的音频信号，得到的基带信号带宽为 100kHz，载波频率可覆盖从 C 波段到 Q 波段[306]。美国国家标准与技术研究院基于里德堡原子超外差探测技术，实现了二进制相移键控(BPSK)、正交相移键控和正交

振幅调制信号在 19.626GHz 载波上的数字接收。在码元速率不超过 100kSym/s 的情况下可实现 64QAM 调制信号的接收与判决,且误差向量幅度(EVM)不超过 5%[307]。2019 年,国内中国计量科学研究院宋振飞研究组演示了载波频率与跃迁频率失谐情况下的数字通信,利用里德堡原子接收机,可在幅度调制和频率调制下实现了信号传输,传输速率最高约为 500kbps[308],结合量子标准参考仪器的研发,持续推进改技术的实用化工程技术研究,通过编码方式实现了图像和声音信号的接收,支持频分复用的通信技术,在误码率低于 5%的情况下可接收的传输速率为 200kHz[309]。

综上,基于里德堡原子的电磁场传感与探测具有全光学探测、高灵敏度、低电磁干扰,并且可以直接溯源至基本物理常数(实现自校准)等优势,使里德堡原子在复杂电磁环境效应、微波通信、雷达及交叉领域有着广阔的应用潜力。

第5章 热 词

5.1 电 磁 安 全

基本定义：人员、系统和设施能够在电磁空间中，正常使用电磁资源，不因自身、工作诱导环境和人为电磁环境受到威胁，未出现危险、损害或者损失，并免除不可接受的损害风险[1]。

应用水平：国内以北京航空航天大学、陆军工程大学、上海交通大学、国防科技大学等为首的高校研究团队和以航天科工、航天科技、航空工业、中国船舶、中科院为首的科研院所团队，围绕装备电磁安全的作用机理、量化设计与验证方法等关键科学问题和工程化技术问题开展研究，并形成了电磁干扰要素理论和系统级自顶向下电磁兼容性量化设计方法等成果，有力地支撑了系统研制与型号发展，相关研究获得了国家自然科学基金和国家 973 项目等的支持，研究成果获得了国家技术发明奖和国家科学技术进步奖等奖项。

5.2 涡旋电磁波

基本定义：有轨道角动量的电磁波称为涡旋电磁波 (electromagnetic vortex wave)，它表现出与常规平面电磁波不同的性质，涡旋电磁波的轨道角动量构成了电磁波除频率、极化、幅度、相位、时间之外又一新的独立维度，理论上在任意频率下都具有无穷多种互不干扰的正交模态。

应用水平：国内外对于涡旋电磁波的研究主要集中在涡旋电磁波的产生调控、传播、接收，以及相关应用等方面的理论方法与关键技术。研究与应用领域既包括传统的电磁领域，也涉及无线通信领域以及雷达成像与探测领域。

5.3　量子电磁学

基本定义：电子器件小型化的需求推动了微纳加工技术的不断提升，元器件的特征尺度也从原来的微米级缩小到纳米级。当电子被局限在原子、分子、量子点等微观粒子或超导量子干涉仪等人工原子内，电子态需要被量子化，其行为只能用薛定谔方程或密度泛函等量子力学模型来描述，而不能用麦克斯韦方程中的本构参数来建模微观粒子的电磁响应。量子电磁学分为两类问题：其中半经典框架考虑的是，经典电磁系统与微观粒子之间的相互作用；而全量子框架考虑的是，量子电磁系统与微观粒子之间的相互作用。电磁系统到底是经典的还是量子的，取决于光子数。对无光电子(电磁场的真空涨落)、少光子(单光子、双光子等)情况，麦克斯韦方程需要被量子化，称为量子化的麦克斯韦方程。

应用水平：低功耗、高灵敏度的需求，使得电磁波的发射功率持续降低，催生出基于单光子和双光子的量子信息技术，包括量子鬼成像、量子雷达、量子计算等。国外的研究进展主要集中在美国，包括基本的麦克斯韦方程量子化方法，经典电磁与量子电磁系统的对比，单光子和双光子的传播、散射，量子电磁场与微观粒子之间的相互作用及经典电磁设计(天线、智能反射面等)的量子计算加速等。

5.4　电磁超材料

　　基本定义：电磁超材料(Metamaterials, MMs)，又被称作人工电磁媒质或人工结构媒质，是对一类拥有奇异电磁特性的材料的总称。学术界最初引入 MMs 是源于对"左手材料"的验证。如今 MMs 大多指广义的人工电磁超材料，比如使用两种或以上的自然媒质(通常是介质和金属)通过人工微结构上的周期或者非周期设计，进而获得奇异电磁特性的结构，都可以统称为 MMs。

　　应用水平：国内以东南大学、华中科技大学、清华大学为首的高校研究团队和以深圳光启、中国电科 33 所、中航工业为首的科研院所团队，分别对电磁防护超材料的关键科学问题和工程化技术问题开展研究，并形成吸波/隐身超材料、超材料功能器件和超材料天线三个主要研究方向，发展出电磁防护专用超材料、超宽带吸波材料、智能可调控电磁防护超材料、平板卫星天线等先进研究成果。从国际上看，超材料隐身斗篷技术仍然是研究热点，正突破二维隐身的限制，发展三维隐身斗篷；电磁防护超材料逐步走向实用化，天线罩和天线领域首先实现突破；智能可调控电磁防护超材料成为未来发展的主要趋势，发展出电、磁、光和机械等多种调控手段；超材料频带窄的问题得到重视，发展出多种宽频带超材料设计方法。

作者：苏东林　刘尚合　胡小锋　陈广志　任强　戴飞

参 考 文 献

[1] 苏东林, 陈广志, 胡蓉, 等. 提升我国电磁安全能力的战略思考[J]. 安全与电磁兼容, 2021, (5): 9-11.

[2] Lau B K, Capek M, Hassan A M. Characteristic modes: Progress, overview, and emerging topics. IEEE Antennas and Propagation Magazine[J], 2022, 64(2): 14-22.

[3] Li H, Chen Y, Jakobus U. Synthesis, control, and excitation of characteristic modes for platform-integrated antenna designs: A design philosophy[J]. IEEE Antennas and Propagation Magazine, 2022, 64(2): 41-48.

[4] Capek M, Schab K. Computational aspects of characteristic mode decomposition-an overview[J]. IEEE Antennas and Propagation Magazine, 2021, 62(2): 23-31.

[5] Haldane F D M, Raghu S. Possible realization of directional optical waveguides in photonic crystals with broken time-reversal symmetry[J]. Physical Review Letters, 2008, 100(1): 013904.

[6] Zyablovsky A A, Vinogradov A P, Pukhov A A, et al. PT-symmetry in optics[J]. Physics-Uspekhi, 2014, 57(11): 1063.

[7] Peitzmeier N, Manteuffel D. Upper bounds and design guidelines for realizing uncorrelated ports on multimode antennas based on symmetry analysis of characteristic modes[J]. IEEE Transactions on Antennas and Propagation, 2019, 67(6): 3902-3914.

[8] Li H, Wu M, Li W, et al. Reducing hand effect on mobile handset antennas by shaping radiation patterns[J]. IEEE Transactions on Antennas and Propagation, 2021, 69(8): 4279-4288.

[9] Li T, Chen Z N. Metasurface-based shared-aperture 5G S-/K-band antenna using characteristic mode analysis[J]. IEEE Transactions on Antennas and Propagation, 2018, 66(12): 6742-6750.

[10] Lin F H, Chen Z N. Resonant metasurface antennas with resonant apertures: Characteristic mode analysis and dual-polarized broadband low-profile design[J]. IEEE Transactions on Antennas and Propagation, 2020, 69(6): 3512-3516.

[11] Lin F H, Chen Z N. A method of suppressing higher order modes for improving

radiation performance of metasurface multiport antennas using characteristic mode analysis[J]. IEEE Transactions on Antennas and Propagation, 2018, 66(4): 1894-1902.

[12] Shi T, Tang M C, Yi D, et al. Near-omnidirectional broadband metamaterial absorber for TM-polarized wave based on radiation pattern synthesis[J]. IEEE Transactions on Antennas and Propagation, 2021, 70(1): 420-429.

[13] Wu Y, Lin H, Xiong J, et al. A broadband metamaterial absorber design using characteristic modes analysis[J]. Journal of Applied Physics, 2021, 129(13): 134902.

[14] Song Z, Zhu J, Yang L, et al. Wideband metasurface absorber (metabsorber) using characteristic mode analysis[J]. Optics Express, 2021, 29(22): 35387-35399.

[15] Song Z C, Min P, Yang L, et al. A bilateral coding metabsorber using characteristic mode analysis[J]. IEEE Antennas and Wireless Propagation Letters, 2022, 21(6): 2128-2132.

[16] Kuosmanen M, Ylä-Oijala P, Holopainen J, et al. Orthogonality properties of characteristic modes for lossy structures[J]. IEEE Transactions on Antennas and Propagation, 2022, 70(7): 5597-5605.

[17] Lin F H, Chen Z N. Resonant metasurface antennas with resonant apertures: Characteristic mode analysis and dual-polarized broadband low-profile design[J]. IEEE Transactions on Antennas and Propagation, 2020, 69(6): 3512-3516.

[18] Yang H, Liu X, Fan Y. Design of broadband circularly polarized all-textile antenna and its conformal array for wearable devices[J]. IEEE Transactions on Antennas and Propagation, 2021, 70(1): 209-220.

[19] Li W, Wang Y M, Hei Y, et al. A compact low-profile reconfigurable metasurface antenna with polarization and pattern diversities[J]. IEEE Antennas and Wireless Propagation Letters, 2021, 20(7): 1170-1174.

[20] Liu J, Weng Z, Zhang Z Q, et al. A wideband pattern diversity antenna with a low profile based on metasurface[J]. IEEE Antennas and Wireless Propagation Letters, 2021, 20(3): 303-307.

[21] Wang J, Wang W, Liu A, et al. Miniaturized dual-polarized metasurface antenna with high isolation[J]. IEEE Antennas and Wireless Propagation Letters, 2021, 20(3): 337-341.

[22] Liu S, Yang D, Chen Y, et al. High isolation and low cross-polarization of low-

profile dual-polarized antennas via metasurface mode optimization[J]. IEEE Transactions on Antennas and Propagation, 2020, 69(5): 2999-3004.

[23] Liu S, Yang D, Chen Y, et al. Design of single-layer broadband omnidirectional metasurface antenna under single mode resonance[J]. IEEE Transactions on Antennas and Propagation, 2021, 69(10): 6947-6952.

[24] Liu S, Yang D, Chen Y, et al. Low-profile broadband metasurface antenna under multimode resonance[J]. IEEE Antennas and Wireless Propagation Letters, 2021, 20(9): 1696-1700.

[25] Xue M, Wan W, Wang Q, et al. Low-profile millimeter-wave broadband metasurface antenna with four resonances[J]. IEEE Antennas and Wireless Propagation Letters, 2021, 20(4): 463-467.

[26] Li T, Sun J, Meng H, et al. Characteristic mode inspired dual-polarized double-layer metasurface lens[J]. IEEE Transactions on Antennas and Propagation, 2020, 69(6): 3144-3154.

[27] Bhaskar V S, Tan E L. Same-sense circularly polarized grid-slotted patch antenna with wide axial ratio bandwidth[J]. IEEE Transactions on Antennas and Propagation, 2021, 70(2): 1494-1498.

[28] Dayan A, Huang Y, Schuchinsky A. Passive intermodulation at contacts of rough conductors[J]. Electronic Materials, 2022, 3(1): 65-81.

[29] Yang H, Liu Y, Huang W, et al. Analysis of passive intermodulation distortion caused by asymmetric electrical contact[J]. IEEE Transactions on Instrumentation and Measurement, 2022, 71: 1-5.

[30] Jin Q, Feng Q. Passive intermodulation distortion in connectors with nonlinear interaction in electrical contacts and magnetic materials[J]. IEEE Transactions on Microwave Theory and Techniques, 2022, 70(2): 1119-1131.

[31] Li T, Li M, Zhai W, et al. Effects of vibration on passive intermodulation of microwave connector[J]. International Journal of Microwave and Wireless Technologies, 2020, 12(1): 39-47.

[32] Bi L, Gao J, Flowers G T, et al. Modeling of signal distortion caused by passive intermodulation and cross modulation in coaxial connectors[J]. IEEE Transactions on Components, Packaging and Manufacturing Technology, 2020, 11(2): 284-293.

[33] Jin Q, Gao J, Flowers G T, et al. Effects of environmental temperature on passive intermodulation in electrical connectors[J]. IEEE Transactions on Components, Packaging and Manufacturing Technology, 2020, 10(12): 2008-

2017.

[34] Bai C J, Cui W Z, Li J. Prediction of passive intermodulation level based on chaos method[J]. Journal of Electronics & Information Technology, 2021, 43(1): 124-130.

[35] Na D Y, Zhu J, Chew W C, et al. Quantum information preserving computational electromagnetics[J]. Physical Review A, 2020, 102(1): 013711.

[36] Hanson G W. Aspects of quantum electrodynamics compared to the classical case: Similarity and disparity of quantum and classical electromagnetics[J]. IEEE Antennas and Propagation Magazine, 2020, 62(4): 16-26.

[37] Hanson G W, Lindel F, Buhmann S Y. Langevin noise approach for lossy media and the lossless limit[J]. Journal of the Optical Society of America B, 2021, 38(3): 758-768.

[38] Xie G, Huang Z, Fang M, et al. Simulating Maxwell-Schrödinger equations by high-order symplectic FDTD algorithm[J]. IEEE Journal on Multiscale and Multiphysics Computational Techniques, 2019, 4: 143-151.

[39] Xie G, Huang Z, You J W, et al. Universal vector-scalar potential framework for inhomogeneous electromagnetic system and its application in semiclassical quantum electromagnetics[J]. IEEE Transactions on Plasma Science, 2021, 49(11): 3459-3471.

[40] You J W, Panoiu N C. Analysis of the interaction between classical and quantum plasmons via FDTD-TDDFT method[J]. IEEE Journal on Multiscale and Multiphysics Computational Techniques, 2019, 4: 111-118.

[41] Anderson D A, Sapiro R E, Raithel G. An atomic receiver for AM and FM radio communication[J]. IEEE Transactions on Antennas and Propagation, 2020, 69(5): 2455-2462.

[42] Anderson D A, Sapiro R E, Raithel G. A self-calibrated si-traceable rydberg atom-based radio frequency electric field probe and measurement instrument[J]. IEEE Transactions on Antennas and Propagation, 2021, 69(9): 5931-5941.

[43] Davis R J, Bisharat D J, Sievenpiper D F. Classical-to-topological transmission line couplers[J]. Applied Physics Letters, 2021, 118(13): 131102.

[44] Li B L, Shi H Y, Wei E I, et al. Valley topological line-defects for Terahertz waveguides and power divider[J]. Optical Materials, 2022, 126: 112152.

[45] Zhang L, Yang Y, Lin Z K, et al. Higher-order topological states in surface‐wave photonic crystals[J]. Advanced Science, 2020, 7(6): 1902724.

[46] Li Z, Yang Y H, Zhao J, et al. Demonstration of topological wireless power transfer[J]. Science Bulletin, 2021, 66(10): 974-980.

[47] Song J, Yang F Q, Guo Z W, et al. Wireless power transfer via topological modes in dimer chains[J]. Phys. Rev. Applied, 2021, 15: 014009.

[48] Miller D A B. Waves, modes, communications, and optics: A tutorial[J]. Advances in Optics and Photonics, 2019, 11(3): 679-825.

[49] Migliore M D. Horse (electromagnetics) is more important than horseman (information) for wireless transmission[J]. IEEE Transactions on Antennas and Propagation, 2018, 67(4): 2046-2055.

[50] Yuan S S A, He Z, Chen X, et al. Electromagnetic effective degree of freedom of a mimo system in free space[J]. IEEE Antennas and Wireless Propagation Letters, 2021, 21(3): 446-450.

[51] Yuan S S A, Wu J, Chen M L N, et al. Approaching the fundamental limit of orbital-angular-momentum multiplexing through a hologram metasurface[J]. Physical Review Applied, 2021, 16(6): 064042.

[52] Ehrenborg C, Gustafsson M, Capek M. Capacity bounds and degrees of freedom for MIMO antennas constrained by Q-factor[J]. IEEE Transactions on Antennas and Propagation, 2021, 69(9): 5388-5400.

[53] Huang C, Hu S, Alexandropoulos G C, et al. Holographic MIMO surfaces for 6G wireless networks: Opportunities, challenges, and trends[J]. IEEE Wireless Communications, 2020, 27(5): 118-125.

[54] Bakirtzis S, Hashimoto T, Sarris C D. FDTD-based diffuse scattering and transmission models for ray tracing of millimeter-wave communication systems[J]. IEEE Transactions on Antennas and Propagation, 2020, 69(6): 3389-3398.

[55] Lin S, Peng Z, Antonsen T M. A stochastic Green's function for solution of wave propagation in wave-chaotic environments[J]. IEEE Transactions on Antennas and Propagation, 2020, 68(5): 3919-3933.

[56] Chen X, Pei H, Li M, et al. Revisit to mutual coupling effects on multi-antenna systems[J]. Journal of Communications and Information Networks, 2020, 5(4): 411-422.

[57] Li M, Chen X, Zhang A, et al. Reducing correlation in compact arrays by adjusting near-field phase distribution for MIMO applications[J]. IEEE Transactions on Vehicular Technology, 2021, 70(8): 7885-7896.

[58] Wang Y, Chen X, Liu X, et al. Improvement of diversity and capacity of MIMO

system using scatterer array[J]. IEEE Transactions on Antennas and Propagation, 2021, 70(1): 789-794.

[59] Chen X, Zhao M, Huang H, et al. Simultaneous decoupling and decorrelation scheme of MIMO arrays[J]. IEEE Transactions on Vehicular Technology, 2021, 71(2): 2164-2169.

[60] Li T W, Fan Y D, Gu Y J, et al. A novel miniaturized multiband strong coupled-FSS structure insensitive to almost all angles and all polarizations[J]. IEEE Transactions on Antennas and Propagation, 2021, 69(12): 8470-8478.

[61] Li T, Li D, Qin P, et al. A novel miniaturized strong-coupled FSS structure with excellent angular stability[J]. IEEE Transactions on Electromagnetic Compatibility, 2020, 63(1): 38-45.

[62] Luo G Q, Yu W, Yu Y, et al. A three-dimensional design of ultra-wideband microwave absorbers[J]. IEEE Transactions on Microwave Theory and Techniques, 2020, 68(10): 4206-4215.

[63] Yu W, Luo G Q, Yu Y, et al. Broadband band-absorptive frequency-selective rasorber with a hybrid 2-D and 3-D structure[J]. IEEE Antennas and Wireless Propagation Letters, 2019, 18(99):1701-1705.

[64] 周海京, 刘阳, 李瀚宇, 等. 计算电磁学及其在复杂电磁环境数值模拟中的应用和发展趋势[J]. 计算物理, 2014, 31(4):11.

[65] Liu Q H. Introduction to the IEEE journal on multiscale and multiphysics computational techniques (JMMCT)[J]. IEEE Journal on Multiscale and Multiphysics Computational Techniques, 2016, 1: 1.

[66] Chen X, Wei Z, Li M, et al. A review of deep learning approaches for inverse scattering problems (invited review)[J]. Progress in Electromagnetics Research, 2020, 167: 67-81.

[67] 单涛. 基于深度学习的电磁快速计算方法研究[D]. 清华大学, 2021.

[68] Yao H M, Jiang L J, Qin Y W. Machine learning based method of moments (ml-mom)[C]// 2017 IEEE International Symposium on Antennas and Propagation & USNC/URSI National Radio Science Meeting. San Diego, 2017: 973-974.

[69] Yao H M, Jiang L. Machine-learning-based PML for the FDTD method[J]. IEEE Antennas and Wireless Propagation Letters, 2019, 18(1): 192-196.

[70] Ma Z, Xu K, Song R, et al. Learning-based fast electromagnetic scattering solver through generative adversarial network[J]. IEEE Transactions on Antennas and Propagation, 2020, 69(4): 2194-2208.

[71] Shan T, Tang W, Dang X, et al. Study on a fast solver for Poisson's equation based on deep learning technique[J]. IEEE Transactions on Antennas and Propagation, 2020, 68(9): 6725-6733.

[72] Khatib O, Ren S, Malof J, et al. Deep learning the electromagnetic properties of metamaterials—a comprehensive review[J]. Advanced Functional Materials, 2021, 31(31): 2101748.

[73] Kingma D P, Welling M. Auto-encoding variational bayes[J]. arXiv preprint arXiv:1312.6114, 2013.

[74] Creswell A, White T, Dumoulin V, et al. Generative adversarial networks: An overview[J]. IEEE Signal Processing Magazine, 2018, 35(1): 53-65.

[75] Chen X, Wei Z, Li M, et al. A review of deep learning approaches for inverse scattering problems (invited review)[J]. Progress in Electromagnetics Research, 2020, 167: 67-81.

[76] Sanghvi Y, Kalepu Y, Khankhoje U K. Embedding deep learning in inverse scattering problems[J]. IEEE Transactions on Computational Imaging, 2019, 6: 46-56.

[77] Li M, Guo R, Zhang K, et al. Machine learning in electromagnetics with applications to biomedical imaging: A review[J]. IEEE Antennas and Propagation Magazine, 2021, 63(3): 39-51.

[78] Li L, Wang L G, Teixeira F L, et al. DeepNIS: Deep neural network for nonlinear electromagnetic inverse scattering[J]. IEEE Transactions on Antennas and Propagation, 2018, 67(3): 1819-1825.

[79] Wei Z, Chen X. Deep-learning schemes for full-wave nonlinear inverse scattering problems[J]. IEEE Transactions on Geoscience and Remote Sensing, 2018, 57(4): 1849-1860.

[80] Bar L, Sochen N. Unsupervised deep learning algorithm for PDE-based forward and inverse problems[J]. arXiv preprint arXiv:1904.05417, 2019.

[81] Jin Y, Shen Q, Wu X, et al. A physics-driven deep-learning network for solving nonlinear inverse problems[J]. Petrophysics, 2020, 61(1): 86-98.

[82] Zhang K, Guo R, Li M, et al. Supervised descent learning for thoracic electrical impedance tomography[J]. IEEE Transactions on Biomedical Engineering, 2020, 68(4): 1360-1369.

[83] Guo R, Li M, Yang F, et al. Application of supervised descent method for 2D magnetotelluric data inversion[J]. Geophysics, 2020, 85(4): WA53-WA65.

[84] 郭睿. 融合物理规律的机器学习非线性反演成像算法研究[D]. 清华大

学,2021.

[85] Li J, Liu Y, Yin C, et al. Fast imaging of time-domain airborne EM data using deep learning technology[J]. Geophysics, 2020, 85(5): E163-E170.

[86] Aldossari S M, Chen K C. Machine learning for wireless communication channel modeling: An overview[J]. Wireless Personal Communications, 2019, 106(1): 41-70.

[87] Lee J G Y, Kang M Y, Kim S C. Path loss exponent prediction for outdoor millimeter wave channels through deep learning[C]//2019 IEEE Wireless Communications and Networking Conference. Marrakesh, 2019: 1-5.

[88] Goudos S K, Athanasiadou G, Tsoulos G V, et al. Modelling ray tracing propagation data using different machine learning algorithms[C]//2020 14th European Conference on Antennas and Propagation (EuCAP). Copenhagen, 2020: 1-4.

[89] O'Shea T J, Roy T, West N. Approximating the void: Learning stochastic channel models from observation with variational generative adversarial networks[C]//2019 International Conference on Computing, Networking and Communications (ICNC). Honolulu, 2019: 681-686.

[90] Lu T, Sun J, Wu K, et al. High-speed channel modeling with machine learning methods for signal integrity analysis[J]. IEEE Transactions on Electromagnetic Compatibility, 2018, 60(6): 1957-1964.

[91] Lho D, Park H, Kim S, et al. Deep neural network-based lumped circuit modeling using impedance curve[C]//2020 IEEE Electrical Design of Advanced Packaging and Systems (EDAPS). Shenzhen, 2020: 1-3.

[92] Shu Y F, Wei X C, Fan J, et al. An equivalent dipole model hybrid with artificial neural network for electromagnetic interference prediction[J]. IEEE Transactions on Microwave Theory and Techniques, 2019, 67(5): 1790-1797.

[93] Zhang L, Zhang Z, Huang C, et al. Decoupling capacitor selection algorithm for pdn based on deep reinforcement learning[C]//2019 IEEE International Symposium on Electromagnetic Compatibility, Signal & Power Integrity (EMC+ SIPI). New Orleans, 2019: 616-620.

[94] Cecchetti R, de Paulis F, Olivieri C, et al. Effective PCB decoupling optimization by combining an iterative genetic algorithm and machine learning[J]. Electronics, 2020, 9(8): 1243.

[95] Hidayetoğlu M, Hwu W M, Chew W C. Supercomputing for full-wave tomographic image reconstruction in near-real time[C]//2018 IEEE

International Symposium on Antennas and Propagation & USNC/URSI National Radio Science Meeting. Boston, 2018: 1841-1842.

[96] He W J, Yang Z, Huang X W, et al. Solving electromagnetic scattering problems with tens of billions of unknowns using GPU accelerated massively parallel MLFMA[J]. IEEE Transactions on Antennas and Propagation, 2022, 70(7): 5672-5682.

[97] Chen M, Lupoiu R, Mao C, et al. Physics-augmented deep learning for high-speed electromagnetic simulation and optimization[J]. 2021.

[98] Zhang P, Hu Y, Jin Y, et al. A Maxwell's equations based deep learning method for time domain electromagnetic simulations[J]. IEEE Journal on Multiscale and Multiphysics Computational Techniques, 2021, 6: 35-40.

[99] Hughes T W, Williamson I A D, Minkov M, et al. Wave physics as an analog recurrent neural network[J]. Science Advances, 2019, 5(12): eaay6946.

[100] Hu Y, Jin Y, Wu X, et al. A theory-guided deep neural network for time domain electromagnetic simulation and inversion using a differentiable programming platform[J]. IEEE Transactions on Antennas and Propagation, 2021, 70(1): 767-772.

[101] Guo L, Li M, Xu S, et al. Electromagnetic modeling using an FDTD-equivalent recurrent convolution neural network: Accurate computing on a deep learning framework[J]. IEEE Antennas and Propagation Magazine, 2021.

[102] Guo R, Lin Z, Shan T, et al. Solving combined field integral equation with deep neural network for 2-D conducting object[J]. IEEE Antennas and Wireless Propagation Letters, 2021, 20(4): 538-542.

[103] Guo R, Shan T, Song X, et al. Physics embedded deep neural network for solving volume integral equation: 2D case[J]. IEEE Transactions on Antennas and Propagation, 2021.

[104] Xue B W, Wu D, Song B Y, et al. U-Net conjugate gradient solution of electromagnetic scattering from dielectric objects[C]//2021 International Applied Computational Electromagnetics Society (ACES-China) Symposium. Chengdu, 2021: 1-2.

[105] Shan T, Song X, Guo R, et al. Physics-informed supervised residual learning for electromagnetic modeling[C]//2021 International Applied Computational Electromagnetics Society Symposium (ACES). Hamilton, 2021: 1-4.

[106] Shan T, Pan X, Li M, et al. Coding programmable metasurfaces based on deep

learning techniques[J]. IEEE Journal on Emerging and Selected Topics in Circuits and Systems, 2020, 10(1): 114-125.

[107] Ma W, Liu Y. A data-efficient self-supervised deep learning model for design and characterization of nanophotonic structures[J]. Science China Physics, Mechanics & Astronomy, 2020, 63(8): 1-8.

[108] Yeung C, Tsai R, Pham B, et al. Global inverse design across multiple photonic structure classes using generative deep learning[J]. Advanced Optical Materials, 2021, 9(20): 2100548.

[109] An S, Zheng B, Tang H, et al. Multifunctional metasurface design with a generative adversarial network[J]. Advanced Optical Materials, 2021, 9(5): 2001433.

[110] Kudyshev Z A, Kildishev A V, Shalaev V M, et al. Machine learning–assisted global optimization of photonic devices[J]. Nanophotonics, 2021, 10(1): 371-383.

[111] Naseri P, Hum S V. A generative machine learning-based approach for inverse design of multilayer metasurfaces[J]. IEEE Transactions on Antennas and Propagation, 2021, 69(9): 5725-5739.

[112] Miriya Thanthrige USKP, Jung P, Sezgin A. Deep unfolding of iteratively reweighted ADMM for wireless RF sensing[J]. Sensors, 2022, 22(8): 3065.

[113] Qin Y, Ran P, Rodet T, et al. Breast imaging by convolutional neural networks from joint microwave and ultrasonic data[J]. IEEE Transactions on Antennas and Propagation, 2021.

[114] Guo R, Lin Z, Shan T, et al. Physics embedded deep neural network for solving full-wave inverse scattering problems[J]. IEEE Transactions on Antennas and Propagation, 2021.

[115] Wei Z, Chen X. Uncertainty quantification in inverse scattering problems with Bayesian convolutional neural networks[J]. IEEE Transactions on Antennas and Propagation, 2021, 69(6): 3409-3418.

[116] Hao P, Sun X, Nie Z, et al. A robust inversion of induction logging responses in anisotropic formation based on supervised descent method[J]. IEEE Geoscience and Remote Sensing Letters, 2021, 19: 1-5.

[117] Ye X, Chen X. Learning approach to inverse scattering problems with special boundary conditions and inhomogeneous background[C]//2021 International Applied Computational Electromagnetics Society (ACES-China) Symposium. Chengdu, 2021, 1-2.

[118] Kim H, Jin W, Lee H. mmWave path loss modeling for urban scenarios based on 3D-convolutional neural networks[C]//2022 International Conference on Information Networking (ICOIN). Jeju-si, 2022: 441-445.

[119] 何丹萍, 徐卓成, 曹惠云, 等. 基于机器学习和卫星图像的路径损耗预测[J]. 电波科学学报, 2021: 1-9.

[120] 院琳. 基于机器学习的电磁问题优化建模研究[D]. 电子科技大学, 2021.

[121] Park H, Park J, Kim S, et al. Deep reinforcement learning-based optimal decoupling capacitor design method for silicon interposer-based 2.5-D/3-D ICs[J]. IEEE Transactions on Components, Packaging and Manufacturing Technology, 2020, 10(3): 467-478.

[122] Jin H, Gu Z M, Tao T M, et al. Hierarchical attention-based machine learning model for radiation prediction of WB-BGA package[J]. IEEE Transactions on Electromagnetic Compatibility, 2021, 63(6): 1972-1980.

[123] Zhang L, Juang J, Kiguradze Z, et al. Fast PDN impedance prediction using deep learning[J]. arXiv preprint arXiv:2106.10693, 2021.

[124] Post D E, Atwood C A, Newmeyer K P, et al. CREATE: Software engineering applications for the design and analysis of air vehicles, naval vessels, and radio frequency antennas[J]. Computing in Science & Engineering, 2015, 18(1): 14-24.

[125] Tian M, Wang J, Zhang Z, et al. swSuperLU: A highly scalable sparse direct solver on sunway manycore architecture[J]. The Journal of Supercomputing, 2022: 1-23.

[126] Dahele J S, Cullen A L. Electric probe measurements on microstrip[J]. IEEE Transactions on Microwave theory and Techniques, 1980, 28(7): 752-755.

[127] Whiteside H, King R. The loop antenna as a probe[J]. IEEE Transactions on Antennas and Propagation, 1964, 12(3): 291-297.

[128] Batchman T E, Gimpelson G. An implantable electric-field probe of submillirneter dimensions[J]. IEEE Transactions on Microwave Theory and Techniques, 1983, 31(9): 745-751.

[129] Kanda M, Driver L D. An isotropic electric-field probe with tapered resistive dipoles for broad-band use, 100 kHz to 18 GHz[J]. IEEE Transactions on Microwave Theory and Techniques, 1987, 35(2): 124-130.

[130] Spang M, Albach M, Uddin N, et al. Miniature dipole antenna for active near-field sensor[C]//2009 German Microwave Conference. Munich, 2009: 1-4.

[131] Baudry D, Louis A, Mazari B. Characterization of the open-ended coaxial probe used for near-field measurements in EMC applications[J]. Progress in Electromagnetics Research, 2006, 60: 311-333.

[132] Bouchelouk L, Riah Z, Baudry D, et al. Characterization of electromagnetic fields close to microwave devices using electric dipole probes[J]. International Journal of RF and Microwave Computer-Aided Engineering: Co-sponsored by the Center for Advanced Manufacturing and Packaging of Microwave, Optical, and Digital Electronics (CAMPmode) at the University of Colorado at Boulder, 2008, 18(2): 146-156.

[133] Gao Y, Wolff I. A simple electric near field probe for microwave circuit diagnostics[C]//1996 IEEE MTT-S International Microwave Symposium Digest. San Francisco, 1996, 3: 1537-1540.

[134] Gao Y, Wolff I. Miniature electric near-field probes for measuring 3-D fields in planar microwave circuits[J]. IEEE Transactions on Microwave Theory and Techniques, 1998, 46(7): 907-913.

[135] Budka T P, Waclawik S D, Rebeiz G M. A coaxial 0.5-18 GHz near electric field measurement system for planar microwave circuits using integrated probes[J]. IEEE Transactions on Microwave Theory and Techniques, 1996, 44(12): 2174-2184.

[136] Hosoyama H, Iwasaki T, Ishigami S. Complex antenna factor of a V-dipole antenna with two coaxial feeders for field measurements[J]. IEEE Transactions on Electromagnetic Compatibility, 1999, 41(2): 154-158.

[137] Masuda N, Tamaki N, Kuriyama T, et al. High frequency magnetic near field measurement on LSI chip using planar multi-layer shielded loop coil[C]//2003 IEEE Symposium on Electromagnetic Compatibility. Symposium Record. Boston, 2003, 1: 80-85.

[138] Sivaraman N, Ndagljlmana F, Kadi M, et al. Broad band PCB probes for near field measurements[C]//2017 International Symposium on Electromagnetic Compatibility-EMC Europe. Angers, 2017: 1-5.

[139] Ando N, Masuda N, Tamaki N, et al. Development of miniaturized thin-film magnetic field probes for on-chip measurement[J]. Journal of the Magnetics Society of Japan, 2006, 30(4): 429-434.

[140] Li S H, Hu K F, Beetner D, et al. Development and application of a high-resolution thin-film probe[C]//2007 IEEE International Symposium on Electromagnetic Compatibility. Honolulu, HI, 2007: 1-5.

[141] Li G H, Pommerenke D, Min J. A low frequency electric field probe for near-field measurement in EMC applications[C]//2017 IEEE International Symposium on Electromagnetic Compatibility & Signal/Power Integrity (EMCSI). Washington, DC, 2017: 498-503.

[142] Shinde S, Marathe S, Li G H, et al. A frequency tunable high sensitivity H-field probe using varactor diodes and parasitic inductance[J]. IEEE Transactions on Electromagnetic Compatibility, 2016, 58(1): 331-334.

[143] Chuang H, Li G H, Song E, et al. A magnetic-field resonant probe with enhanced sensitivity for RF interference applications[J]. IEEE Transactions on Electromagnetic Compatibility, 2013, 55(6): 991-998.

[144] Li G H, Huang W, Pommerenke D. Effect of cooling on the probe system sensitivity for low signal strength RFI problems[C]//2013 IEEE International Symposium on Electromagnetic Compatibility. Denver, CO, 2013: 134-137.

[145] Yang S, Huang Q L, Li G H, et al. Differential E-field coupling to shielded H-field probe in near-field measurements and a suppression approach[J]. IEEE Transactions on Instrumentation and Measurement, 2018, 67(12):2872-2880.

[146] Chou Y T, Lu H C. Electric field coupling suppression using via fences for magnetic near-field shielded-loop coil probes in low temperature co-fired ceramics[C]//2011 IEEE International Symposium on Electromagnetic Compatibility, Long Beach, CA, 2011: 6-10.

[147] Chou Y T, Lu H C. Magnetic near-field probes with high-pass and notch filters for electric field suppression[J]. IEEE Transactions on Microwave Theory and Techniques, 2013, 61(6): 2460-2470.

[148] Yan Z W, Wang J W, Zhang W, et al. A simple miniature ultrawideband magnetic field probe design for magnetic near-field measurements[J]. IEEE Transactions on Antennas and Propagation, 2016, 64(12): 5459-5465.

[149] Yan Z W, Liu W, Wang J W, et al. Noncontact wideband current probes with high sensitivity and spatial resolution for noise location on PCB[J]. IEEE Transactions on Instrumentation and Measurement, 2018, 67(12): 2881-2891.

[150] Wang J, Yan Z, Liu W, et al. Improved-sensitivity resonant electric-field probes based on planar spiral stripline and rectangular plate structure[J]. IEEE Transactions on Instrumentation and Measurement, 2018, 68(3): 882-894.

[151] Min Z, Yan Z W, Liu W, et al. A miniature high-sensitivity active electric field probe for near-field measurement[J]. IEEE Antennas and Wireless Propagation Letters, 2019, 18(12): 2552-2556.

[152] Wang J, Yan Z, Liu W, et al. A high-sensitivity resonant tangential e-probe with loaded improved dipole and embedded integrated balun[J]. IEEE Transactions on Instrumentation and Measurement, 2019, 68(8): 3042-3044.

[153] Liu W, Yan Z, Wang J, et al. Ultrawideband real-time monitoring system based on electro-optical under-sampling and data acquisition for near-field measurement[J]. IEEE Transactions on Instrumentation and Measurement, 2020, 69(9): 6603-6612.

[154] Liu W, Yan Z, Min Z, et al. Design of miniature active magnetic probe for near-field weak signal measurement in ICs[J]. IEEE Microwave and Wireless Components Letters, 2020, 30(3): 312-315.

[155] Dolatsara M A, Hejase J A, Becker W D, et al. Worst-case eye analysis of high-speed channels based on Bayesian optimization[J]. IEEE Transactions on Electromagnetic Compatibility, 2020, 63(1): 246-258.

[156] Lho D, Park H, Park S, et al. Channel characteristic-based deep neural network models for accurate eye diagram estimation in High Bandwidth Memory (HBM) silicon interposer[J]. IEEE Transactions on Electromagnetic Compatibility, 2021, 64(1): 196-208.

[157] Jiao D, Dou Y, Yan J, et al. Method for accurate and efficient eye diagram prediction of nonlinear high-speed links[J]. IEEE Transactions on Electromagnetic Compatibility, 2021, 63(5): 1574-1583.

[158] Zhi C, Dong G, Zhu Z, et al. A TSV-based 3-D electromagnetic bandgap structure on an interposer for noise suppression[J]. IEEE Transactions on Components, Packaging and Manufacturing Technology, 2021, 12(1): 147-154.

[159] Park G, Kim Y, Cho K, et al. Measurement and analysis of through glass via noise coupling and shielding structures in a glass interposer[J]. IEEE Transactions on Electromagnetic Compatibility, 2021, 63(5): 1562-1573.

[160] Ding L, Wei X C, Tang Z Y, et al. Near-field scanning based shielding effectiveness analysis of system in package[J]. IEEE Transactions on Components, Packaging and Manufacturing Technology, 2021, 11(8): 1235-1242.

[161] Jin H, Gu Z M, Tao T M, et al. Hierarchical attention-based machine learning

model for radiation prediction of WB-BGA package[J]. IEEE Transactions on Electromagnetic Compatibility, 2021, 63(6): 1972-1980.

[162] Zhu H R, Zhao Y L, Lu J G. A novel vertical wire-bonding compensation structure adaptively modeled and optimized with GRNN and GA methods for system in package[J]. IEEE Transactions on Electromagnetic Compatibility, 2021, 63(6): 2082-2092.

[163] Jackson J D. Classical Electrodynamics, 3rd Edition [M]. Hoboken: Wiley, 1998.

[164] Allen L. Orbital angular momentum: A personal memoir[J]. Philosophical Transactions of the Royal Society A: Mathematical, Physical and Engineering Sciences, 2017, 375(2087): 20160280.

[165] 李龙, 薛皓, 冯强. 涡旋电磁波的理论与应用研究进展 [J]. 微波学报, 2018, 34(2): 12.

[166] Allen L, Beijersbergen M W, Spreeuw R J C, et al. Orbital angular momentum of light and the transformation of Laguerre-Gaussian laser modes[J]. Physical Review A, 1992, 45(11): 8185.

[167] Thidé B, Then H, Sjöholm J, et al. Utilization of photon orbital angular momentum in the low-frequency radio domain[J]. Physical Review Letters, 2007, 99(8): 087701.

[168] Mohammadi S M, Daldorff L K S, Bergman J E S, et al. Orbital angular momentum in radio—A system study[J]. IEEE Transactions on Antennas and Propagation, 2009, 58(2): 565-572.

[169] Tamburini F, Mari E, Thidé B, et al. Experimental verification of photon angular momentum and vorticity with radio techniques[J]. Applied Physics Letters, 2011, 99(20): 204102.

[170] Tamburini F, Mari E, Sponselli A, et al. Encoding many channels on the same frequency through radio vorticity: First experimental test[J]. New Journal of Physics, 2012, 14(3): 033001.

[171] Chen R, Zhou H, Moretti M, et al. Orbital angular momentum waves: Generation, detection, and emerging applications[J]. IEEE Communications Surveys & Tutorials, 2019, 22(2): 840-868.

[172] Yu S, Li L, Shi G, et al. Generating multiple orbital angular momentum vortex beams using a metasurface in radio frequency domain[J]. Applied Physics Letters, 2016, 108(24): 241901.

[173] Yang L J, Sun S, Wei S. Manipulation of orbital angular momentum spectrum

using shape-tailored metasurfaces[J]. Advanced Optical Materials, 2021, 9(2): 2001711.

[174] Liu K, Cheng Y, Li X, et al. Microwave-sensing technology using orbital angular momentum: Overview of its advantages[J]. IEEE Vehicular Technology Magazine, 2019, 14(2): 112-118.

[175] Xiao Q, Ma Q, Yan T, et al. Orbital‐angular‐momentum‐encrypted holography based on coding information metasurface[J]. Advanced Optical Materials, 2021, 9(11): 2002155.

[176] Yang H, Zheng S, He W, et al. Terahertz orbital angular momentum: Generation, detection and communication[J]. China Communications, 2021, 18(5): 131-152.

[177] Kou N, Yu S, Li L. Generation of high-order Bessel vortex beam carrying orbital angular momentum using multilayer amplitude-phase-modulated surfaces in radiofrequency domain[J]. Applied Physics Express, 2016, 10(1): 016701.

[178] Kadlimatti R, Parimi P V. Millimeter-wave nondiffracting circular airy OAM beams[J]. IEEE Transactions on Antennas and Propagation, 2018, 67(1): 260-269.

[179] Huang Y, Li X, Akram Z, et al. Generation of millimeter-wave nondiffracting airy OAM beam using a single-layer hexagonal lattice reflectarray[J]. IEEE Antennas and Wireless Propagation Letters, 2021, 20(6): 1093-1097.

[180] Xie G, Ren Y, Huang H, et al. Analysis of aperture size for partially receiving and de-multiplexing 100-Gbit/s optical orbital angular momentum channels over free-space link[C]//2013 IEEE Globecom Workshops (GC Wkshps). Atlanta, 2013: 1116-1120.

[181] Zheng S, Hui X, Zhu J, et al. Orbital angular momentum mode-demultiplexing scheme with partial angular receiving aperture[J]. Optics Express, 2015, 23(9): 12251-12257.

[182] Zhang W, Zheng S, Chen Y, et al. Orbital angular momentum-based communications with partial arc sampling receiving[J]. IEEE Communications Letters, 2016, 20(7): 1381-1384.

[183] Feng Q, Lin Y, Li L. Extended aperture sample reception method for high-order orbital angular momentum vortex beam mode number measurement[J]. Optics Express, 2020, 28(21): 30824-30835.

[184] Zhang Y, Jiang L. A novel demultiplexing scheme for Vortex beams in radio

communication systems[J]. IEEE Transactions on Vehicular Technology, 2021, 70(7): 7243-7248.

[185] Yagi Y, Sasaki H, Yamada T, et al. 200 Gb/s wireless transmission using dual-polarized OAM-MIMO multiplexing with uniform circular array on 28 GHz band[J]. IEEE Antennas and Wireless Propagation Letters, 2021, 20(5): 833-837.

[186] Zheng S, Zhang Z, Pan Y, et al. Plane spiral orbital angular momentum electromagnetic wave[C]//2015 Asia-Pacific Microwave Conference (APMC). Nanjing, 2015, 3: 1-3.

[187] Xiong X, Zheng S, Zhu Z, et al. Experimental study of plane spiral OAM mode-group based MIMO communications [J]. IEEE Transactions on Antennas and Propagation, 2022, 70(1): 641-653.

[188] Wang J, Liu K, Liu H, et al. 3-D object imaging method with electromagnetic vortex [J]. IEEE Transactions on Geoscience and Remote Sensing, 2022, 60: 1-12.

[189] Graceffo G M, Talamonti J, Campbell L, et al. Hybrid RF & FSO for defense and 5G backhaul[C]//2019 IEEE Globecom Workshops (GC Wkshps). Waikoloa, 2019: 1-6.

[190] Zenkyu R, Hirabe M, Miyamoto H, et al. Inter-mode interference caused by antenna swinging in OAM mode multiplexing[C]//2020 International Symposium on Antennas and Propagation (ISAP). Osaka, 2021: 361-362.

[191] Neshaastegaran P, Jian M. Performance evaluation of orbital angular momentum mode multiplexing systems impaired by phase noise[C]//2022 IEEE 19th Annual Consumer Communications & Networking Conference (CCNC). Las Vegas, 2022: 1-6.

[192] Zahidy M, Liu Y, Cozzolino D, et al. Photonic integrated chip enabling orbital angular momentum multiplexing for quantum communication[J]. Nanophotonics, 2022, 11(4): 821-827.

[193] Abbasi M A B, Fusco V, Naeem U, et al. Physical layer secure communication using orbital angular momentum transmitter and a single-antenna receiver[J]. IEEE Transactions on Antennas and Propagation, 2020, 68(7): 5583-5591.

[194] Wulff M, Park W, Wang L, et al. Shielding of orbital angular momentum waves by a cavity with apertures[J]. IEEE Transactions on Electromagnetic Compatibility, 2022: 1-10.

[195] Cui T J. Microwave metamaterials[J]. National Science Review, 2018, 5(2):

134-136.

[196] Yuan S S A, Wu J, Chen M L N, et al. Approaching the fundamental limit of orbital-angular-momentum multiplexing through a hologram metasurface[J]. Physical Review Applied, 2021, 16(6): 064042.

[197] Wu G B, Chan K F, Shum K M, et al. Millimeter-wave holographic flat lens antenna for orbital angular momentum multiplexing[J]. IEEE Transactions on Antennas and Propagation, 2021, 69(8): 4289-4303.

[198] Feng Q, Kong X, Shan M, et al. Multi-orbital-angular-momentum-mode vortex wave multiplexing and demultiplexing with shared-aperture reflective metasurfaces[J]. Physical Review Applied, 2022, 17(3): 034017.

[199] Meng X, Chen X, Chen R, et al. Generation of multiple high-order bessel beams carrying different orbital-angular-momentum modes through an anisotropic holographic impedance metasurface[J]. Physical Review Applied, 2021, 16(4): 044063.

[200] Feng Q, Lin Y, Shan M, et al. Generation and measurement of a Bessel vortex beam carrying multiple orbital-angular-momentum modes through a reflective metasurface in the RF domain[J]. Physical Review Applied, 2021, 15(6): 064044.

[201] Wu G B, Chan K F, Shum K M, et al. Millimeter-wave and terahertz OAM discrete-lens antennas for 5G and beyond[J]. IEEE Communications Magazine, 2022, 60(1): 34-39.

[202] Zhang C, Wang Y H. 电磁波轨道角动量传输的量子电动力学分析[J]. Scientia Sinica Informationis, 2021.

[203] Zhang C, Jiang J, Zhao Y, et al. New degrees of freedom for beamforming manipulation in MIMO transmission with OAM[C]//2019 IEEE Globecom Workshops (GC Wkshps). Waikoloa, 2019: 1-6.

[204] 张超, 王元赫, 姜学峰. 涡旋微波量子雷达[J]. 雷达学报, 2021, 10(5): 749.

[205] Wan S, Li X, Chen Y, et al. High-strength scalable MXene films through bridging-induced densification[J]. Science, 2021, 374(6563): 96-99.

[206] Wan S, Chen Y, Fang S, et al. High-strength scalable graphene sheets by freezing stretch-induced alignment[J]. Nature Materials, 2021, 20(5): 624-631.

[207] Cheng Y, Li X, Qin Y, et al. Hierarchically porous polyimide/$Ti_3C_2T_x$ film with stable electromagnetic interference shielding after resisting harsh

conditions[J]. Science Advances, 2021, 7(39): eabj1663.

[208] Pavlou C, Pastore Carbone M G, Manikas A C, et al. Effective EMI shielding behaviour of thin graphene/PMMA nanolaminates in the THz range[J]. Nature Communications, 2021, 12(1): 1-9.

[209] He D, Zhang N, Iqbal A, et al. Multispectral electromagnetic shielding using ultra-thin metal-metal oxide decorated hybrid nanofiber membranes[J]. Communications Materials, 2021, 2(1): 1-9.

[210] Liu J, Lin S, Huang K, et al. A large-area AgNW-modified textile with high-performance electromagnetic interference shielding[J]. NPJ Flexible Electronics, 2020, 4(1): 1-7.

[211] Xu J, Li R, Ji S, et al. Multifunctional graphene microstructures inspired by honeycomb for ultrahigh performance electromagnetic interference shielding and wearable applications[J]. ACS Nano, 2021, 15(5): 8907-8918.

[212] Ma Z, Xiang X, Shao L, et al. Multifunctional wearable silver nanowire decorated leather nanocomposites for joule heating, electromagnetic interference shielding and piezoresistive sensing[J]. Angewandte Chemie International Edition, 2022, 61(15): e202200705.

[213] Guan Q F, Han Z M, Yang K P, et al. Sustainable double-network structural materials for electromagnetic shielding[J]. Nano Letters, 2021, 21(6): 2532-2537.

[214] Liu J, Mckeon L, Garcia J, et al. Additive manufacturing of Ti_3C_2-MXene-Functionalized conductive polymer hydrogels for electromagnetic-interference shielding[J]. Advanced Materials, 2022, 34(5): 2106253.

[215] Hou Y, Sheng Z, Fu C, et al. Hygroscopic holey graphene aerogel fibers enable highly efficient moisture capture, heat allocation and microwave absorption[J]. Nature Communications, 2022, 13(1): 1-12.

[216] Wang S, Sun X, Xu F, et al. Strong yet tough graphene/graphene oxide hybrid films[J]. Carbon, 2021, 179: 469-476.

[217] Liang L, Li Q, Yan X, et al. Multifunctional magnetic $Ti_3C_2T_x$ MXene/graphene aerogel with superior electromagnetic wave absorption performance[J]. ACS Nano, 2021, 15(4): 6622-6632.

[218] Qin M, Zhang L, Wu H. Dielectric loss mechanism in electromagnetic wave absorbing materials[J]. Advanced Science, 2022, 9(10): 2105553.

[219] Feng J, Li Y, Zhang J, et al. Injection-free multiwavelength electroluminescence devices based on monolayer semiconductors driven by

an alternating field[J]. Science Advances, 2022, 8(5): eabl5134.

[220] Wang Z, Gutiérrez-Lezama I, Dumcenco D, et al. Magnetization dependent tunneling conductance of ferromagnetic barriers[J]. Nature Communications, 2021, 12(1): 1-7.

[221] Shen P C, Su C, Lin Y, et al. Ultralow contact resistance between semimetal and monolayer semiconductors[J]. Nature, 2021, 593(7858): 211-217.

[222] Guo M, Guo C, Han J, et al. Toroidal polar topology in strained ferroelectric polymer[J]. Science, 2021, 371(6533): 1050-1056.

[223] Li Q, Stoica V A, Paściak M, et al. Subterahertz collective dynamics of polar vortices[J]. Nature, 2021, 592(7854): 376-380.

[224] Zhang H, Cheng J, Wang H, et al. Initiating VB-group laminated NbS2 electromagnetic wave absorber toward superior absorption bandwidth as large as 6.48 GHz through phase engineering modulation[J]. Advanced Functional Materials, 2022, 32(6): 2108194.

[225] Xie P, Liu Y, Feng M, et al. Hierarchically porous Co/C nanocomposites for ultralight high-performance microwave absorption[J]. Advanced Composites and Hybrid Materials, 2021, 4(1): 173-185.

[226] Jia Y, Ajayi T D, Wahls B H, et al. Multifunctional ceramic composite system for simultaneous thermal protection and electromagnetic interference shielding for carbon fiber-reinforced polymer composites[J]. ACS Applied Materials & Interfaces, 2020, 12(52): 58005-58017.

[227] Qin M, Zhang L, Wu H. Dielectric loss mechanism in electromagnetic wave absorbing materials[J]. Advanced Science, 2022, 9(10): 2105553.

[228] Karolina Pierchala M, Kadumudi F B, Mehrali M, et al. Soft electronic materials with combinatorial properties generated via mussel-inspired chemistry and halloysite nanotube reinforcement[J]. ACS Nano, 2021, 15(6): 9531-9549.

[229] Matsuhisa N, Niu S, O'Neill S J K, et al. High-frequency and intrinsically stretchable polymer diodes[J]. Nature, 2021, 600(7888): 246-252.

[230] Zhu M, Li J, Yu J, et al. Superstable and intrinsically self‐healing fibrous membrane with bionic confined protective structure for breathable electronic skin[J]. Angewandte Chemie, 2022, 134(22): e202200226.

[231] Chen M Z, Tang W, Dai J Y, et al. Accurate and broadband manipulations of harmonic amplitudes and phases to reach 256 QAM millimeter-wave wireless communications by time-domain digital coding metasurface[J].

National Science Review, 2022, 9(1): nwab134.

[232] Shuang Y, Zhao H, Ji W, et al. Programmable high-order OAM-carrying beams for direct-modulation wireless communications[J]. IEEE Journal on Emerging and Selected Topics in Circuits and Systems, 2020, 10(1): 29-37.

[233] Wu G B, Chan K F, Shum K M, et al. Millimeter-wave holographic flat lens antenna for orbital angular momentum multiplexing[J]. IEEE Transactions on Antennas and Propagation, 2021, 69(8): 4289-4303.

[234] Feng Q, Kong X, Shan M, et al. Multi-orbital-angular-momentum-mode vortex wave multiplexing and demultiplexing with shared-aperture reflective metasurfaces[J]. Physical Review Applied, 2022, 17(3): 034017.

[235] Kort-Kamp W J M, Azad A K, Dalvit D A R. Space-time quantum metasurfaces[J]. Physical Review Letters, 2021, 127(4): 043603.

[236] Lee S, Peng R, Wu C, et al. Programmable black phosphorus image sensor for broadband optoelectronic edge computing[J]. Nature communications, 2022, 13(1): 1-8.

[237] Wu K, Duan G, Zhao X, et al. Metamaterial-enhanced near-field readout platform for passive microsensor tags[J]. Microsystems & Nanoengineering, 2022, 8(1): 1-13.

[238] Liu C, Ma Q, Luo Z J, et al. A programmable diffractive deep neural network based on a digital-coding metasurface array[J]. Nature Electronics, 2022, 5(2): 113-122.

[239] Levitt B B, Lai H C, Manville A M. Effects of non-ionizing electromagnetic fields on flora and fauna, part 1 rising ambient EMF levels in the environment[J]. Reviews on Environmental Health, 2021, 37(1): 81-122.

[240] Sagar S, Adem S M, Struchen B, et al. Comparison of radiofrequency electromagnetic field exposure levels in different everyday microenvironments in an international context[J]. Environment International, 2018, 114: 297-306.

[241] Besset D, Selmaoui B, Tourneux P, et al. Environmental radiofrequency electromagnetic field levels in a department of pediatrics[J]. Environmental Research, 2020, 181: 108894.

[242] IEEE, Standard for safety levels with respect to human exposure to electric, magnetic, and electromagnetic fields, 0 Hz to 300 GHz, IEEE Std C95.1-2019.

[243] International Commission on Non-Ionizing Radiation Protection. Guidelines for limiting exposure to electromagnetic fields (100 kHz to 300 GHz)[J].

Health Physics, 2020, 118(5): 483-524.

[244] 《电磁辐射防护规定》(GB 8702-2014), 环境保护部和国家质量监督检验检测总局, 2014.

[245] Frohlich H. Coherent electric vibrations in biological systems and the cancer problem[J]. IEEE Transactions on Microwave Theory and Techniques, 1978, 26(8): 613-618.

[246] Belyaev I. Nonthermal biological effects of microwaves: Current knowledge, further perspective, and urgent needs[J]. Electromagnetic Biology and Medicine, 2005, 24(3): 375-403.

[247] Pall M L. Microwave frequency electromagnetic fields (EMFs) produce widespread neuropsychiatric effects including depression[J]. Journal of Chemical Neuroanatomy, 2016, 75: 43-51.

[248] Russell C L. 5G wireless telecommunications expansion: Public health and environmental implications[J]. Environmental Research, 2018, 165: 484-495.

[249] Challis L J. Mechanisms for interaction between RF fields and biological tissue[J]. Bioelectromagnetics, 2005, 26(S7): S98-S106.

[250] Liu L, Deng H, Tang X, et al. Specific electromagnetic radiation in the wireless signal range increases wakefulness in mice[J]. Proceedings of the National Academy of Sciences, 2021, 118(31): e2105838118.

[251] Yanagawa A, Tomaru M, Kajiwara A, et al. Impact of 2.45GHz microwave irradiation on the fruit fly, Drosophila melanogaster[J]. Insects, 2020, 11(9): 598.

[252] Habauzit D, Le Quément C, Zhadobov M, et al. Transcriptome analysis reveals the contribution of thermal and the specific effects in cellular response to millimeter wave exposure[J]. PloS One, 2014, 9(10): e109435.

[253] Shneider M N, Pekker M. Non-thermal mechanism of weak microwave fields influence on neurons[J]. Journal of Applied Physics, 2013, 114(10): 104701.

[254] Phillips J L, Singh N P, Lai H. Electromagnetic fields and DNA damage[J]. Pathophysiology, 2009, 16(2-3): 79-88.

[255] English N J, Mooney D A. Denaturation of hen egg white lysozyme in electromagnetic fields: A molecular dynamics study[J]. The Journal of Chemical Physics, 2007, 126(9): 03B401.

[256] Mancinelli F, Caraglia M, Abbruzzese A, et al. Non‐thermal effects of electromagnetic fields at mobile phone frequency on the refolding of an

intracellular protein: Myoglobin[J]. Journal of Cellular Biochemistry, 2004, 93(1): 188-196.

[257] Todorova N, Bentvelzen A, Yarovsky I. Electromagnetic field modulates aggregation propensity of amyloid peptides[J]. The Journal of Chemical Physics, 2020, 152(3): 035104.

[258] Tao Y, Yan B, Zhang N, et al. Do non-thermal effects exist in microwave heating of glucose aqueous solutions? Evidence from molecular dynamics simulations[J]. Food Chemistry, 2022, 375: 131677.

[259] Liu Y, Huang K, Zhou Y, et al. Hydrogen bonding and the structural properties of glycerol-water mixtures with a microwave field: A molecular dynamics study[J]. The Journal of Physical Chemistry B, 2021, 125(29): 8099-8106.

[260] Gou D, Huang K, Liu Y, et al. Influence of weak microwaves on spatial collision and energy distribution of water molecules[J]. Chemical Physics, 2021, 540: 110977.

[261] Gou D, Huang K, Liu Y, et al. Investigation of spatial orientation and kinetic energy of reactive site collision between benzyl chloride and piperidine: Novel insight into the microwave nonthermal effect[J]. The Journal of Physical Chemistry A, 2022, 126(17): 2690-2705.

[262] Sun Q, He Y, Liu K, et al. Recent advances in terahertz technology for biomedical applications[J]. Quantitative Imaging in Medicine and Surgery, 2017, 7(3): 345.

[263] Gong A, Qiu Y, Chen X, et al. Biomedical applications of terahertz technology[J]. Applied Spectroscopy Reviews, 2020, 55(5): 418-438.

[264] Zaytsev K I, Dolganova I N, Chernomyrdin N V, et al. The progress and perspectives of terahertz technology for diagnosis of neoplasms: A review[J]. Journal of Optics, 2019, 22(1): 013001.

[265] Sun L, Zhao L, Peng R Y. Research progress in the effects of terahertz waves on biomacromolecules[J]. Military Medical Research, 2021, 8(1): 1-8.

[266] 张怀延, 刘蓉, 李兵, 等. 太赫兹辐射及其生物效应研究进展[J]. 生物化学与生物物理进展, 2021, 48(12):12.

[267] Hu E, Zhang Q, Shang S, et al. Continuous wave irradiation at 0.1 terahertz facilitates transmembrane transport of small molecules[J]. Iscience, 2022, 25(3): 103966.

[268] Shang S, Wu X J, Zhang Q, et al. 0.1 THz exposure affects primary hippocampus neuron gene expression via alternating transcription factor

binding[J]. Biomedical Optics Express, 2021, 12(6): 3729-3742.

[269] Guo L H, Wang S M, Yang L X, et al. Weak resonance effects of THz wave transimission in nerve cell[J]. Acta Physica Sinica, 2021, 70(24).

[270] Guo L, Bo W, Wang K, et al. Theoretical investigation on the effect of terahertz wave on Ca^{2+} transport in the calcium channel[J]. Iscience, 2022, 25(1): 103561.

[271] Wang K, Wang S, Yang L, et al. THz trapped ion model and THz spectroscopy detection of potassium channels[J]. Nano Research, 2022, 15(4): 3825-3833.

[272] 刘尚合, 马贵蕾, 满梦华, 等. 电磁防护仿生研究进展[J]. 高电压技术, 2022, 48(05): 1-13.

[273] Bansal, Rajeev. RadioBio [Turnstile][J]. IEEE Antennas & Propagation Magazine, 2017, 59(3):117-153.

[274] Thackston K A, Deheyn D D, Sievenpiper D F. Limitations on electromagnetic communication by vibrational resonances in biological systems[J]. Physical Review E, 2020, 101(6): 062401.

[275] Barani N, Sarabandi K. Biological cell communication: Quorum sensing versus electromagnetic signaling[C]//2020 IEEE USNC-CNC-URSI North American Radio Science Meeting (Joint with AP-S Symposium). Montreal, 2020: 191-192.

[276] Awan H, Zeid K, Adve R S, et al. Communication in plants: Comparison of multiple action potential and mechanosensitive signals with experiments[J]. IEEE Transactions on Nanobioscience, 2020, 19(2): 213-223.

[277] Lv M, Ma J, Yao Y G, et al. Synchronization and wave propagation in neuronal network under field coupling[J]. Science China Technological Sciences, 2019, 62(3): 448-457.

[278] Kumar R, Deshmukh P S, Sharma S, et al. Effect of mobile phone signal radiation on epigenetic modulation in the hippocampus of Wistar rat[J]. Environmental Research, 2021, 192: 110297.

[279] Zhou Y, Zhang X, Liu Y, et al. A high-temperature Na-Ion battery: Boosting the rate capability and cycle life by structure engineering[J]. Small, 2020, 16(7): 1906669.

[280] Greschner A A, Ropagnol X, Kort M, et al. Room-temperature and selective triggering of supramolecular DNA assembly/disassembly by nonionizing radiation[J]. Journal of the American Chemical Society, 2019, 141(8): 3456-3469.

[281] Zhang C, Yuan Y, Wu K, et al. Driving DNA origami assembly with a terahertz wave[J]. Nano Letters, 2021, 22(1): 468-475.

[282] Li Y, Chang C, Zhu Z, et al. Terahertz wave enhances permeability of the voltage-gated calcium channel[J]. Journal of the American Chemical Society, 2021, 143(11): 4311-4318.

[283] Zhu Z, Chang C, Shu Y, et al. Transition to a superpermeation phase of confined water induced by a terahertz electromagnetic wave[J]. The Journal of Physical Chemistry Letters, 2019, 11(1): 256-262.

[284] Zhu Z, Chen C, Chang C, et al. Terahertz-light induced structural transition and superpermeation of confined monolayer water[J]. ACS Photonics, 2020, 8(3): 781-786.

[285] Ma G, Man M, Zhang Y, et al. Research on the robustness mechanism of maeda-makino hardware neuron based on symbolic dynamics[J]. IEEE Letters on Electromagnetic Compatibility Practice and Applications, 2021, 3(2): 61-66.

[286] Sedlacek J A, Schwettmann A, Kübler H, et al. Microwave electrometry with Rydberg atoms in a vapour cell using bright atomic resonances[J]. Nature Physics, 2012, 8(11): 819-824.

[287] Crowley T P, Donley E A, Heavner T P. Quantum-based microwave power measurements: Proof-of-concept experiment[J]. Review of Scientific Instruments, 2004, 75(8): 2575-2580.

[288] Sun F, Jiang Z, Qu J, et al. Tunable microwave magnetic field detection based on Rabi resonance with a single cesium-rubidium hybrid vapor cell[J]. Applied Physics Letters, 2018, 113(16): 164101.

[289] Wang P, Yuan Z, Huang P, et al. High-resolution vector microwave magnetometry based on solid-state spins in diamond[J]. Nature Communications, 2015, 6(1): 1-5.

[290] Adams C S, Pritchard J D, Shaffer J P. Rydberg atom quantum technologies[J]. Journal of Physics B: Atomic, Molecular and Optical Physics, 2019, 53(1): 012002.

[291] Gordon J A, Holloway C L, Schwarzkopf A, et al. Millimeter wave detection via Autler-Townes splitting in rubidium Rydberg atoms[J]. Applied Physics Letters, 2014, 105(2): 024104.

[292] Sedlacek J A, Schwettmann A, Kübler H, et al. Atom-based vector microwave electrometry using rubidium Rydberg atoms in a vapor cell[J]. Physical

Review Letters, 2013, 111(6): 063001.

[293] Simons M T, Haddab A H, Gordon J A, et al. A Rydberg atom-based mixer: Measuring the phase of a radio frequency wave[J]. Applied Physics Letters, 2019, 114(11): 114101.

[294] Anderson D A, Sapiro R E, Gonçalves L F, et al. Optical radio-frequency phase measurement with an internal-state rydberg atom interferometer[J]. Physical Review Applied, 2022, 17(4): 044020.

[295] Meyer D H, Kunz P D, Cox K C. Waveguide-coupled Rydberg spectrum analyzer from 0 to 20 GHz[J]. Physical Review Applied, 2021, 15(1): 014053.

[296] Sedlacek J A, Schwettmann A, Kübler H, et al. Microwave electrometry with Rydberg atoms in a vapour cell using bright atomic resonances[J]. Nature Physics, 2012, 8(11): 819-824.

[297] Jing M, Hu Y, Ma J, et al. Atomic superheterodyne receiver based on microwave-dressed Rydberg spectroscopy[J]. Nature Physics, 2020, 16(9): 911-915.

[298] Mohapatra A K, Bason M G, Butscher B, et al. A giant electro-optic effect using polarizable dark states[J]. Nature Physics, 2008, 4(11): 890-894.

[299] Anderson D A, Miller S A, Raithel G, et al. Optical measurements of strong microwave fields with Rydberg atoms in a vapor cell[J]. Physical Review Applied, 2016, 5(3): 034003.

[300] Jiao Y, Hao L, Han X, et al. Atom-based radio-frequency field calibration and polarization measurement using cesium n D_J floquet states[J]. Physical Review Applied, 2017, 8(1): 014028.

[301] Holloway C L, Prajapati N, Kitching J, et al. Electromagnetically induced transparency based Rydberg-atom sensor for quantum voltage measurements[J]. arXiv preprint arXiv:2110.02335, 2021.

[302] Holloway C L, Simons M T, Kautz M D, et al. A quantum-based power standard: Using Rydberg atoms for a SI-traceable radio-frequency power measurement technique in rectangular waveguides[J]. Applied Physics Letters, 2018, 113(9): 094101.

[303] Zhang J, Song Z F, Jun L I, et al. Precision measurement of microwave power using Rydberg atoms[J]. Acta Metrologica Sinica, 2019, 40(5): 749-754.

[304] Deb A B, Kjærgaard N. Radio-over-fiber using an optical antenna based on Rydberg states of atoms[J]. Applied Physics Letters, 2018, 112(21): 211106.

[305] Meyer D H, Cox K C, Fatemi F K, et al. Digital communication with Rydberg atoms and amplitude-modulated microwave fields[J]. Applied Physics Letters, 2018, 112(21): 211108.

[306] Anderson D A, Sapiro R E, Raithel G. An atomic receiver for AM and FM radio communication[J]. IEEE Transactions on Antennas and Propagation, 2020, 69(5): 2455-2462.

[307] Holloway C L, Simons M T, Gordon J A, et al. Detecting and receiving phase-modulated signals with a Rydberg atom-based receiver[J]. IEEE Antennas and Wireless Propagation Letters, 2019, 18(9): 1853-1857.

[308] Song Z, Liu H, Liu X, et al. Rydberg-atom-based digital communication using a continuously tunable radio-frequency carrier[J]. Optics Express, 2019, 27(6): 8848-8857.

[309] Zou H, Song Z, Mu H, et al. Atomic receiver by utilizing multiple radio-frequency coupling at Rydberg states of rubidium[J]. Applied Sciences, 2020, 10(4): 1346.